OHSAMA BUNKO

「品のいい人」が気をつけていること

山崎武也

三笠書房

はじめに──人間性と社会性

個人的な生活の中であれ仕事の世界であれ、最近はギスギスした場面や流れが多くなってきている。皆が自分勝手な考え方で自分のことのみを考えようとする傾向になるのも当然である。世の中のすべての面においてせちがらさが蔓延してきているので、自分を守るためには仕方がないのかもしれない。

国であれ自分の属する組織であれ、自分を守ってくれようとする動きは見られないので、自衛しようとするほかない。しかしながら、**常に「自衛」を考えていたのでは、少しずつではあれ、周囲の人々や組織に対して警戒心をつのらせる結果になってくる。**自分にとって少しでも都合の悪いことを感じたり見て取ったりすると、「してやられない」ようにと自警の対策を取り始めるからだ。

いわば、「人を見たら敵と思え」とばかりに、戦いの姿勢を整えようとするのである。敵対視された相手は、当然のことながら、自分も相手も敵対視するので、そこには融和のムードが生じることはない。すべての相手からの働き掛けや誘い掛けも「戦いへの準備」としか考えないので、そこに「友好」への流れが生じることはない。

そのような状況の中で生じる人間関係は、すべて良好なものではなく、お互いにマイナスの結果となる忌《い》むべきものでしかない。親しくつきあうべき「同胞」であるはずが、避けたり反目しあったりする「邪魔者」になってしまう。知らない人だからといって最初から自分にとってマイナスになる人だと考えて無視したりつきあったりしようとするから、好ましくない間柄の人にしてしまうのだ。

もちろん、自分の利になる人であろうと考えて近寄っていったりつきあったりしようとするのは、これもまた利己的な考え方が基本にあるので、やはりどこかで見破られてしまう。いずれ、疎外視されたり悪い評判を立てられたりする結末になる。人を「利用しよう」とする姿勢は、まずは成功することはない。たとえ首尾よい結果になったとしても、人々による自分の人物評価は下がる。それからの人生行路には悪評というマイナス点がつきまとうはずだ。

とにもかくにも、人とつきあうときは、相手を一人の人間として尊敬したうえで、自分の「真心」を込めた言動に徹することに尽きる。そこでのキーワードは、**「人間性の率直なやり取り」**と**「社会性への考慮」**とである。それらの要素を少しでも忘れたら、人とのつきあいはうまくいかない。それらを上手に組み合わせて入れていった「人づきあい」は必ず成功する。

その心構えが習い性となった人には、「気品」が醸成された結果になっている。気品はその場その場でつくり出したり示したりするものではない。長い間の努力によって、自然に身についてくるものだ。あたりに立ち込めている「雰囲気」であるから、その人の周囲に漂っているものである。したがって、周囲にいる人たちにも自然に影響力を及ぼしてくる。

品のいい人になろうと思ったら、できるだけ多くの機会に品のいい人と同じ場にいて同じ空気を吸うことである。

山﨑武也

もくじ

2章

人の上に立つ「資質」を保つ

×言い訳、ケチ、虚勢……

3章

自分を「安く」見せない

×無神経、八つ当たり、損得勘定……

4章 「人の目」を意識する

×自慢、幻滅マナー、調子に乗る……

5章

×見下ろす、若づくり、無遠慮……

「年相応」を考える

6章

×見せつけ、媚び、自己宣伝……

すべて「過剰」に陥らない

1章

「卑しさ」から遠ざかる

×ちゃっかり、大口、図々しい……

売り言葉に買い言葉

――瑣末なことでいい争う人

売り言葉をいうのは下品であるが、それに対して買い言葉をいうのも、まったく同じように下品である。自分を非難したりバカにしたりする暴言を吐かれたら、自尊心を大いに傷つけられる。自分の名誉を守るためには、相手のいうことが間違っている点を論証しなくてはならない。だが、それは防御の態勢を取ることである。

防御の場合は四方八方のみならず上下も固めなくてはならない。すなわち水も漏らさぬ論陣を張る必要がある。しかし、相手の攻撃に対しては何をいおうと、言い訳や弁解のニュアンスがつきまとうのは避け難い。そこで、攻撃は最善の防御なり、ということになる。防御に回らないで、自分のほうからも相手と同じような調子でいい返していく。

特に、ほかの人がいる前でひどいことをいわれて黙っていたのでは、相手のいったことを認めたものと思われても仕方がない。それに、負けた姿を人目にさらす結果にもなる。自分も強いところを見せておかないと、弱い奴だという風評が広まってしまう恐れもある。きちんとした目に見える対抗手段を取ろうとする所以《ゆえん》である。

しかしながら、政治や経済に関することであれ何であれ、社会的に重要度の高い問題について、正々堂々と議論をするのであればよいが、個人的で末梢的なことでいい争いをするのは、みっともない。特に、**相手がいわれのないことをとやかくいっているときは、無視するのが賢明だ。**さもないと、相手の立っている低次元の土俵に下りていくことになり、自分のグレードを下げる結果になる。

反論しないで黙っていたら、相手は「逃げる気か」とか「負けたことを認めるか」とかいってくるだろう。その挑発に乗ったら、相手の思う壺《つぼ》だ。超然としてかかわり合いにならないようにする姿勢を堅持するのだ。ただ道を歩いているだけであるのに、近くの家にいる犬が、その習性に従って吠えてくる場合にも似ている。そこで、「うるさい」といって威嚇《いかく》しようとすれば、犬はさらに調子に乗って吠えまくる。

三十六計逃げるにしかず。相手にしないで去っていくのがよい。犬から「負け犬」と見られたとしても、自分の人間としての名誉に傷がつくわけではない。逆に、逃げたほうが自分の品位を保つことになる場合があるのを知る必要がある。

けんかは買わない限り成立しない

売り言葉に対して買い言葉を浴びせるのは、一種の仕返しでもある。仕返しというのは、まったく生産性のない後ろ向きの行為だ。過去にされたことに対して、その恨《うら》みを晴らすというだけである。もちろん、思い悩んでいる自分の気持ちに決着をつけて、新たな前進を図る土台にする、という効果はある。しかし、そのように後始末をつけるために多大のエネルギーを使うのは無駄なことではないだろうか。

それよりも、恨みの気持ちを即座に捨て、将来に目を転じ前向きの姿勢に切り換えたほうがよい。過去に引き摺《ず》られてばかりいたのでは、一歩も前に進むことはできない。それでは、長い人生という視点に立ったとき、負け犬となる運命だ。

いずれにしても、売りつけられたからといって、必ずしも買う必要はない。賢い消費者は押し売りに近いかたちで押しつけられそうになっても、自分が望まないものや必要のないもの、さらに自分にとって結果的に害になるものであると思ったら、買うことを拒否する。買わなければ商売は成り立たない。売ろうとした者も、最後には、諦《あきら》めてすごすごと引き上げざるをえない。

売買においては、その結果に対して、売った者と買った者の双方に責任がある。けんかという、一般的には悪いことも、売りに対して買いがなかったら、まず初めから起こらない。そこで、けんかの当事者はどちらも悪いといわれても仕方がない。そのような点から考えていけば、けんか両成敗という考え方は正しい。

けんかであれ言い掛かりであれ、社会通念上から考えて悪いことであるカテゴリーに入るものであったら、巻き込まれないことである。立ち向かっていって完全にコントロールできるという自信があれば、受けて立つのもよい。だが、やみくもに応戦しようとするのは、蛮勇《ばんゆう》でしかない。それは冷静な目から見れば、こっけいというほかなく、品のかけらも感じられなくなる。

自分が生きている世界とは異なる次元のことであると思ったら、相手にならないで逃げることだ。それが真の勇気であり、自分の品位を失わないための、身の処し方である。

集合写真で場所取り

——いつもちゃっかり中央にいる人

公式性の高い会合があったときは、皆がきちんと並んで写真を撮る。記念と記録のためで、大抵はプロの写真家に依頼する。最前列の中央に最重要人物が座り、その両脇から重要度の序列に従って座っていく。後ろの列についても、中央から横へいくに従って、「その他大勢度」の度合いが増していくことになる。

自分の地位や力量を誇示しようと思ったら、できるだけ中央に近く、何列にもなるときにはできるだけ前列に位置する必要がある。各国からの首脳が集まった会議があるとき、メディアの報じる集合写真を見れば、それぞれの国の力や国と国との力関係がよくわかる。もちろん、あまり仲のよくない国の首脳同士が隣り合って並ぶこともない。

いる場所によって位階の上下がわかるところから、身分や地位などを意味する「位」という言葉ができたようだ。どこに位置するかという物理的な事実が、その人の社会的な地位を象徴的に示すことになる。したがって、何人かで席に着いたりするときは、その席次については神経を使わなくてはならない。**できるだけ、事実上の地位や人間関係に配慮して考える**。その点において間違えると、せっかくの会合も、多くの人が不満を抱いたままに終わってしまう。

友人たちの集まりで撮るときは、同じ集合写真であっても、何となく特に仲のよい者同士が隣り合うくらいで、席次を気にすることはない。だが、友人同士といっても同窓会などという公式性がある会合の場合になると、少し事情が異なってくる。

恩師が出席すれば、当然のことながら、前列中央に座る。その横には、何となく皆が提案するようなかたちで、同窓会の世話をした幹事役の人たちが座るのが普通だ。それ以外の人たちは、それぞれ思い思いの場所を選ぶ。その場所の選び方を見ていると、人の性格が如実に表れているので、実に興味深い。

自己顕示欲の強い人は、できるだけ前の中央に近い席に座ろうとする。撮影の場が設定されたときから、虎視眈々とよい場所を狙っている。皆で並ぶという「号令」が掛かるや否や、逸早《いちはや》く場所取りをする。すぐに目指した席には座らないが、その前辺りに立って、ほかの人には座れないようにしている。その巧妙さには舌を巻くばかりである。

同窓会ごとに撮った写真があるときは、並べて見てみるとよい。恩師の近くに位置する人は、大体において決まっている。いつもちゃっかりと中央部分に位置しているので、偶然ではないことがわかるだろう。身勝手な人であって自信のない人である。学校時代の成績も抜群ではなく、現時点の社会における活躍度もそれほど高くはない。優等生であって立派な仕事をしている人は自信があるので、鷹揚《おうよう》に構えている。その時どきの流れに任せて、友人たちと一緒に写真が撮れることだけで十分に満足している。争って席を取ろうなどとはしない。劣等生であった人は、身の程をわきまえているかのように、控え目に振る舞っている。旧交を温め懐かしさに浸っているので、これもしゃしゃり出るような図々しさは持ち合わせていない。

「しつこい背後霊」といわれないように撮る側にもなる

同窓会に限らず、集合写真で中心人物の近くに位置しようとするのは、我の強い人である。半ば無意識のうちに、席取り合戦のテクニックを習得している。そこまで我勝ちに自分をアピールしようとしても、互いに能力や実績を知っている者同士の中で、どれほどの効果があるかは疑わしい。自己中心主義の出しゃばりというレッテルを貼られる結果になって、評判を落とすだけである。実際に、自分は気づいてなくても、ほかの人はその点について知っていて、さらにそれを確認することになる。品が悪い人であると決めつけられてしまう。

また、そのように出しゃばる人は、グループで集まったり旅行したりするときも、皆がそれぞれに撮る写真にできるだけ加わりたがる。特別に親しい者同士だけで撮ろうとしていても、強引に割り込んでくる。したがって、どの写真にもいつの間にか入ってきて写っている。そこで、「しつこい背後霊」などと陰口を叩かれるようになるのである。

特別に親密な者同士としては、そこに招かれざる「第三者」が侵入してきて、同じ写真の中に入ったのでは、面白くない。せっかくの仲に水を差された結果になるからだ。近くにいたときに誘われなかったら、ほほえんで見守るとか、シャッターを押す役目をしようと申し出るとかしたほうがよい。**人がしてほしいと思っていることをするのは品のよい人で、人が嫌がることをするのは品の悪い人であることを忘れてはならない。**

寸借詐欺

――タクシーに同乗して料金を負担しない人

同窓会など友人同士の会合がお開きになったとき、再会を約しながら三々五々帰っていく。名残《なごり》を惜しんで立ち話に熱中している人たちもいる。その中で皆に別れの挨拶をしながらも、どっちの方向にどのような交通手段で帰っていくのかを聞いている人がいる。

単に一緒に帰ろうと思っているのではない。誰か車に乗ってきている人かタクシーに乗って帰ろうとしている人で、自分の家の方向に行く人はいないか、と探しているのである。そういう人が見つかると、自分に都合のよい駅まで乗せていってもらおうとする。タクシーの場合は相乗りをしようとするのではない。人がどこかまで乗っていく途中で降ろしてもらうのが目標である。

あくまでも「ついでに」を狙っている。文字どおりの便乗である。したがって、タクシーを利用する場合でも、自分は途中で先に降りるのであるから、金を払わなくてもすむ、と考えている。一応は自分が降りるときに、「ここまでの分は支払わなくては」などというが、相手は「どうせ私は乗り続けるのだから」といって、金を受け取りはしない。それを期待もしている。

実際、「支払わなくては」という言葉の中に、その期待が込められている。支払う義務があるのだが、進んで支払う気持ちはないというニュアンスを、漠然とではあるが、読み取ることができる。また、正確に割り勘にするとなると、自分が降りるところまでの料金の半額ずつにしなくてはならない。先に降りる人がそこまでの金額を支払ったのでは公正にはならない。やはり、最後まで乗っていく人は「いずれにしても」乗っていく区間であるから、全額を払っても元々である、という結果になる。

便乗する人は単なるケチではない。人を利用して自分が得をしようとしているので、その点が汚い。そのみみっちい計算高さと、ちまちました「深慮遠謀」には、品の悪さを色濃く感じる。誰でも、できれば敬遠したいと思う人である。

そういう人は、出発点から目的地まで一緒にタクシーに乗っていても、特に近距離であったら、まずは進んで代金を支払おうとはしない。ほかの人が財布を取り出した後で、自分の財布がどこにあるかきちんとわかっているにもかかわらず、時間をかけて探すふりをする。ほかの人が支払ったのを確かめたうえで、「いいんですか」などといい、次いで「ありがとう」と礼をいうことによって、相手との間に貸し借りがない点を確認するのである。もちろん、以上のような憶測をすること自体が、「下種《げす》の勘繰り」であるとして、下品だと決めつけられるかもしれない。ただ、そのように振る舞う人はいつも決まっているので、そのように邪推せざるをえない。自分の心の奥底には、どこかで自分の利を図ろうとする気持ちがあり、それを「知性」や「教養」で抑えている。したがって、自分の心理の深層まで虚心坦懐《きょしんたんかい》に突きつめていってみれば、人の心を推測することも可能になるのである。

借りた側は忘れてしまう、貸した側は覚えている

また、友人たちと一緒にいるときは、小さな金額を一緒に支払うときに、立て替えてもらう場合がある。はっきりと口に出して「一緒に支払っておいてくれ」などという場合もあれば、その点を曖昧《あいまい》にしている場合もある。いずれにしても、金額の多寡にかかわらず、立て替えてもらった金は借りた金であるので、できるだけ早く返さなくてはいけない。

金額が小さければ小さいほど、借りた側は忘れてしまう可能性が高い。だが、貸した側はよく覚えているものだ。**借金を返すのを忘れていると、自分の信用がなくなり人に信頼されなくなることを忘れてはならない。**

いつも小銭の持ち合わせがないといって、人に立て替えさせて、そのままで清算をしようとしない人もいる。そのようなことが度重《たびかさ》なってくると、友人たちもその癖に気づくようになる。ちょっとの間だけ借りるような風情を示すが、初めから、返そうとする明確な意思はない。支払いを迫れば返してくれるのであるが、友人たちも面倒くさいと思って放置するので、そのままになってしまう。

積極的に騙《だま》そうとする意思はなくても、結果的には騙したのと同じことになる。それは「寸借詐欺《すんしやくさぎ》」にも等しい行為である。しかも、その常習者である。そうなると、品がよいとか悪いとかの次元ではなく、小さなことであるとはいえ、犯罪のにおいがしてくる。みみっちさも高じれば犯罪になる危険性があることを忘れてはならないだろう。

のぞき見

――人の手帳や財布、カバンの中をのぞこうとする人

社会人になったばかりのころに仕事の関係で知り合いになり、考え方が似ていたので、長い間にわたって私的にもつきあうようになっていた人がいる。久し振りに会って一緒に昼食をとっていたときのことだ。こんど娘が結婚することになったので、その披露宴に出席してほしい、といわれた。

その娘さんもよく知っているので、私も招かれたことを喜び、ぜひ出席したいと思った。その日時を聞き、いつも持ち歩いている手帳を取り出して見た。ところが、同じ日のまったく同じ時間に私の教え子の結婚披露宴の予定が入っている。非常に残念に思ったが、先約を守るのが鉄則である。

手帳を開いたままで、その旨を伝えたのであるが、そのときにとった彼の行動には驚愕した。**身を乗り出してきて、私の手帳をのぞき込んだのである。**私がうそをついているとでも思ったのであろうか。それにしても、個人的な手帳には、プライバシー

の塊《かたまり》ともいうべき情報が詰まっている。その無作法な振る舞いは、私にとっては大きなショックであった。それまでの長年のつきあいに亀裂が生じたように感じた。

人の手帳や財布、それにカバンやハンドバッグ類の中は、のぞき見るものではない。自分が見られたくないものは、人も見られたくない。常にそのように考え判断していけば、人に嫌がられることをしたり品の悪い人だといわれたりすることもないはずだ。

温泉に行って大浴場に入るときなども、人の裸をジロジロと見るのはルール違反である。物理的にはのぞき見をするのとは異なるが、裸はプライバシーの度合いの強いものであるから、本来はこっそりとしか見ることができないという原則から考えれば、してはいけないとわかる。

風呂の中で人を見るときは、顔に焦点を当てて、そこだけ見るように心掛ければよい。そうすれば、衣服を着ていれば目にすることのない部分を見ない結果になる。それは、一般的に衣服をまとったかたちで、男性が女性に相対するときにも、品よく振る舞うための秘訣である。とにかく、相手の顔に焦点を当て続けていればよい。

裸を見るといえば、性的好奇心から女風呂をのぞき見る男のことを出歯亀《でばかめ》という。これは、明治時代に出っ歯の池田亀太郎という男がいて、女湯をのぞく常習者であって性的殺人事件まで起こしたところからきている。

英語でも同じように、性的好奇心でのぞき見をする者を意味する表現には、個人の名前がついている。ピーピング・トムといわれ、のぞき見をするトムという意味だ。イギリスの伝説に由来がある。ある領主の妻にゴディバという女性がいた。もし裸で白馬に乗って町の中を通れば、住民に課している重税を軽減する、と夫が約束してくれたので、彼女はそれを実行した。そのとき、ほかの人たちは皆いわれたとおりに窓を閉めていたのに、洋服屋だか肉屋だかであったトムという男が、裸のゴディバをのぞき見した、という話である。

こっそりという陰険さが卑劣さを増幅させている。だが、たとえ正々堂々とであっても、見るべきではないといわれているものを見れば、下品な振る舞いであるとする非難を免れることはできない。

「見てはいけないもの」は見る人が悪い

よく「見てはいけないものを見てしまった」などという。「見てはいけない」とは、見るべきではない、という意味であるから、悪いのは見られたほうではなくて見たほうである。見た人に責任があるので、見た人が後始末をするなりして善処するべきだ。見る以前の状態に戻ることができれば、責任を免れることができる。だが、それは実際には不可能である。

次善の策として考えられるのは、見なかったことにするくらいしかない。できるだけ忘れることに努める。せめて、人にはいわないことだ。そうすれば、社会的な観点からすれば、見なかったのと同じ結果になる。もちろん、犯罪に関係するような事件などの場合は、見なかったことにすれば、市民の義務を怠《おこた》ることになるから、これは例外だ。

友人が配偶者以外の異性と仲よくしている現場を見たときなどは、道徳的には問題があるが、プライバシーにかかわるものとして、見なかったことにするのが妥当ではないだろうか。また、見てはいけないと思われるものを偶然にも見てしまいそうになったときなど、意識的に目を逸《そ》らすくらいの配慮が必要であろう。

大局的には、どちらにしても大差がないと考えられるときは、マイナスの要因の多いものは白日の下にさらさないほうがよいはずだ。自分を品よくするだけではなく、ほかの人も人目に品よく映るようにするのが、品のいい振る舞いではないだろうか。

人の収入について質問
――プライベートにビジネスの考え方を持ち込む人

仕事のよくできる仲間がいた。打てば響くという表現がぴったりで、何かちょっとしたことでも働きかければ、即座に反応が返ってくる。重要な案件についても、即断即決である。もちろん、慎重に検討をしているのであるが、そのスピードが速い。それに行動が伴っているので、非常に頼り甲斐のある仕事仲間であった。

議論をしているときでも、ズバリと核心を突いた質問をするので、同席している人たちの緊張感も高まり、士気を鼓舞する結果にもなる。すべてにおいて回り道は避け、最短距離を突き進んでいく。思い悩んだり考えあぐねたりすることはないので、彼の仕事の流れには「贅肉《ぜいにく》」などのつく余地はない。

仕事の場では難癖のつけようもなく、このうえなく信頼できる人であったが、個人的なつきあいの場では、ちょっと困るようなことがあった。仕事の場とまったく同じように、すべての点において、歯に衣《きぬ》着せぬもののいい方をするのだ。プライバシーにかかわるようなことについても、ストレートに聞いてくる。

仕事の場における活躍ぶりを知っている者としては、彼一流のやり方であって、別に悪気があってのことではないと理解できる。したがって、当惑はするものの、腹も立てることなく対応ができる。しかしながら、彼を知らない第三者であったら、何と無作法な人であるかと思ってあきれ返るはずである。

たとえば、「君の年収はいくらぐらいか」といった質問を平気でするのだ。仕事の場の延長にいるというメンタリティないしは錯覚に陥っている仕事仲間であったら、多少はためらうものの、正直に答えてしまうこともある。彼自身もビジネスの感覚をそのまま持ち続けている。個人的な会話のモードに転換しなくてはいけないのに、していない。

ビジネスの場では、その目的に従ってストレートに考えていう。だが、**個人的な事柄については、自分の思惑だけではなく、相手の感情にも配慮したうえで口を開く必要がある。**ビジネスの場におけるコミュニケーション方式を、そのまま個人的なつきあいの場で適用するのは間違いである。この点における使い分けを上手にしないと、ビジネスの場ではできる人として高く評価されても、一般的な生活の場では品のない人として敬遠される結果になる。

「食べていくくらいは稼いでいる」が上手なかわし方

さらに、人の収入に関する情報にはプライバシーの度合いが高い。個人的にどのくらいの金を稼ぎ、どのくらいの金銭的価値のある財産を持っているかによって、その人がどのような生活をしているか一応の推測がつく。仕事のうえで、どのくらいの金を動かせるかというのも、その人のビジネス社会における地位と権力を示す指数の一つになる。

現在の社会には、残念なことであるが、金銭至上主義のにおいが濃い。したがって、金が、特定の人の能力や才覚、それに成功度などを測るための、わかりやすい尺度になっている気配がある。それだけに、金に関するデータは個人の極秘情報である。外部の人に教える必要はない。

収入に関しては、税金をきちんと払っている限りは、特別な例外を除き、公開する義務はない。個人の収入を極秘に扱っている典型的な例は、企業内の報酬や給与の場合である。能力主義を標榜《ひょうぼう》している企業では、成果や業績を反映した給与体系を採用している。そのシステムが実際に公正に作動しているかどうかを確かめるためには、支払われた給与を公開するのが手っ取り早い方法だ。だが、そのデータはベールに包まれたままである。

経営や運営の責任が明確である役員の場合でも、その報酬については、公開されることは少ない。それについては最も知る権利のある株主に対しても役員報酬の総額が示されるだけで、個人についての金額は秘密にされている。

いくら仕事仲間であるといっても、**人の年収などについて聞くのは、単なる興味本位の質問である。低次元の話であるから、自分の評判を落とし、品格を疑われても仕方がないだろう。**また、その金額を知ることができたとしても、自分にとっては何の役にも立つことはない。

聞かれた側としては、「食べていくくらいは稼いでいる」などといっておけばよい。軽くかわして相手にしないことだ。そこで逆襲よろしく相手の収入について聞いたりしたのでは、同じ穴のむじなになってしまう。いずれにしても、相手も情報をくれるはずはないので、気まずい雰囲気になるだけである。

詮索好き

――「ちょっとだけ」といって平気でプライバシーを侵害する人

好奇心が並外れて旺盛で、知り合いになった途端に、いろいろと知りたがる女の人がいる。普通は知りたいと思うことがいろいろとあっても、いちいち細かく聞くのはあまりにも無作法であると思って、質問は差し控える。だが彼女の場合は、まず職業を聞くことから始まり、どこに住んでいるかなどと、立て続けに聞く。

相手が女性であれば、年頃によっては、未婚既婚かを聞いたうえで、夫の職業や地位までも聞いていく。相手は土足で家の中に入ってこられるように感じて驚く。しかし年下の人であれば、ついその勢いに押されて答えてしまう場合もある。

その女性に住居の所番地を知られたら、もっと嫌な目に遭う。数日のうちに訪問をされる羽目になる。「ちょっと用があって近所まで来たので」というのが理由であって、ここでも「ちょっとだけ」といって上がり込んでいく。外観から始まりインテリアや家具などと、実に巧妙に次々とほめていく。「ちょっとだけ」を連発しながら、家の中をあちこちと見る。台所やトイレの中までのぞいてみるのである。台所は主婦の城のようなもので、一般的には人に入ってこられるのを嫌がる。いくら招かれた客でも、できるだけ入っていくのを控えたほうが無難だ。もちろん、勝手に冷蔵庫を開けて中を見るなどというのは、以《もっ》ての外《ほか》の所業である。

トイレも私的なニュアンスが強い部分である。日本でも水洗方式になって久しいが、汚くなる可能性の高いところである。毎日きれいに清掃していても、できるだけ人の目には触れられたくない。したがって、人の家に行っても、できるだけトイレを使わないようにする心掛けは、その家の主婦には感謝されるはずだ。

相手と同じ質問を返すのが失敗しない鉄則

さて、件《くだん》の女性の話であるが、**家に押し掛けていって中を見て歩くのは、入り口で靴を脱いではいるものの、文字どおり土足で入っていくに等しく、完全にプライバシーの侵害である。**さらに、この女性には稀《まれ》に見る悪い癖がある。着物であれ洋服であれ、人が身につけているものを「きれいだ」とか「お似合いだ」とかいってほめるのはよいのだが、同時にさっと近くに寄っていって、手で触るのである。

着ているものを触られた側としては、材質について品定めをされたようで、このうえなく嫌な気分だ。それに、自分が大切にしている衣服に手垢をつけられたと感じる。実際に一回くらい触った程度では、物理的に汚れることはなくても、心理的には汚されたと思う。

これまでに見たこともないような生地であれば、触ってみたいと思うのも自然だ。だがそのときは、せめて本人の承諾を得た後でなくてはならない。親しい人に「ちょっとでいいから触ってもよいか」といわれたら、それを拒絶することはできない。したがって、そのような「依頼」も相手の感情を害さないようにと、慎重に考えたうえでする必要がある。

このぶしつけな女性について困ったことは、本人にはそのように強引な振る舞いをしているという意識が、まったくない点だ。着物を触られそうになった女性が、「触らないで」といって身を引いたときにも、本人はそれほど驚かなかった。そのとき周囲にいた、ほかの人たちは、彼女の癖を知っているので、触るなといった女性の勇気に感心していたが。

女房の浮気について、「知らぬは亭主ばかりなり」という川柳がある。それをもじって、悪癖については「知らぬは本人ばかりなり」ということができるだろう。癖のない人はいない。その点を銘記したら、家族や親友など身近にいる親しい人に、自分にも悪い癖があるはずだから、それを教えてくれるように頼んでみる。

悪癖がないといわれたら、相手が親身になって考えていないか、うそをついているかのどちらかである。執拗《しつよう》に依頼を繰り返して、相手が何かいってくれるまでは引き下がらないくらいの心構えが必要だ。さらに、悪い癖がわかっても、直すまでには時間がかかるので辛抱強く構えていかなくてはならない。

ここで例に挙げた女性の詮索好きは度を超えている。だが、ちょっと油断すれば、誰でもそれに近いことをいったりしたりする危険性がある。**最初から個人的な情報を聞き出そうとしないことを鉄則にする。**聞きたいことがあっても、会話の端々から推測するに留めておく。相手が聞いてきた質問に対して答えた後で、同じ質問を相手に返すようにしておけば、無難だ。それが相手の人格を傷つけないで、自分の品格を守る道である。

大口を叩く

――自分のかかわる仕事の金額を自慢する人

同窓会の二次会では、皆が思いつくままの話題について、好き勝手なことをいっていた。建設関係の企業で働いている男が、その事業規模の大きさについて金額なども示しながら話している。仕事に対して打ち込んでいる熱意は感じられるものの、得意になっている様子は隠し難い。その周囲にいる人たちは、メディアの報道などで何となくは知っていることなので、あいづちを打ちながら聞いている。

すると、こんどはほかの友人が、自分が携わったことのある仕事についての話をし始めた。外資系の金融機関に勤めている男なので、彼の口から出てくる金額は、さらに桁《けた》違いの大きさである。自分が関係する金額のほうが大きいという自慢話を、暗にしている結果になっている。金融関係の仕事であるから、その扱っている金額が巨額になるのは当然のことだ。

遠慮なく心を開いて話せる旧友同士であるから、金額の多寡に関する自慢合戦になっても、いい争いに発展していくことはない。しかし、冷静になって第三者の目から見れば、子供じみた自慢をしているだけだ。そこへ、ちょっと酔いが回ってきた男が割り込んできた。

「君たちは、いくらいくらといって大きな金額の話をしているが、それは会社が扱っている事業の話ではないか」というのである。彼は会社組織にしてはいるが、社員も数人しかいなくて、ほとんど一人で走り回って仕事をしている人だ。自分の事業規模は大会社に比べれば取るに足りないものであると認めたうえで、しかしながら自分の事業で動かしている金は自分自身のものだ、と主張する。

同じ金であっても、組織の金と自分自身の金とでは、その重みはまったく異なっている。ところが、**長い期間にわたって組織の中にいると、組織のものも自分のものであるかのような錯覚に陥ってしまう**。一所懸命になって組織のために働いているうちに、組織と自分が一体化してしまうのだ。特に組織の中における地位が上がっていくと、その意識は強くなる傾向がある。

そうはいっても、不祥事などが起こったときは、その途端に、自分は組織の中の歯車の一つに過ぎない、などという考え方をする。責任は取りたくないといって、組織との間に距離を置こうとするのである。そのような人に限って、よい成果が上がったときは、それに対する自分の貢献度をできるだけ過大評価しようとする。成果を取るに早く、責任を取るに遅い人である。

よく、自分が社長であったときに、輝かしい業績を上げたことを誇る人がいる。もちろん、トップにいる人の決断と献身的な努力がなかったら、そのようにはならなかったはずである。底辺近くにいて「従った」人よりも、上にいて「リーダー」であった人の貢献度が比較的に高いことは確かだ。しかし、それも「比較的」である点を忘れてはならない。

社長という肩書きがあったので、外部の人であれ内部の社員であれ、いうことを信用したり聞いてくれたりしたのだ。肩書きは、ある程度は実力で手に入れたものであるが、それ自体は実力ではない。

「運と人々のお陰」と考えると品が高まる

英語に「ライオンの皮をかぶったロバ」という表現がある。「虎の威を借る狐《きつね》」と同じような意味だ。**肩書きはライオンの皮であり、自分はロバである、と常に自覚し**

ているくらいの謙虚さが必要ではないだろうか。業績が上がったにせよ、驚異的な躍進が遂げられたにせよ、献身的で優秀な部下に恵まれていたからである。また、時流も自分に与《くみ》してくれたのかもしれない。すべてタイミングがよかったのである。運がよかった、と僥倖《ぎょうこう》を喜ぶべきだ。

友だち同士で自慢し合っても、元々底が割れている。特に学生時代の友人であれば、お互いに実力の程度は知れている。学校のときの成績に上下があったとしても、同じ学校の中であれば、どんぐりの背比べのようなものだ。もちろん、卒業をしてからの努力の違いによっては、大きな差がつく。だが、努力ができたりできなかったりした環境についても、運の要素がある点は否定できない。

組織の中にいなくて一匹狼のようにして仕事をしてきた人でも、身近で陰になり日向《ひなた》になり支えてきてくれた人たちがいる。もちろん、取引先などの仕事の相手は協力者である。やはり、多くの人々に助けられてきた点においては違いがない。自分独りで努力して成し遂げたと思っても、人々のお陰であり運がよかったのである。そのように考えて振る舞う人には余裕があり、その余裕が人品骨柄《じんぴんこつがら》を高めていく。

商売をする
——人と知り合うことをビジネスの「販路拡張」と考える人

知り合いになった途端に、いろいろな催しや会合に誘ってくる人がいる。関係している団体やグループなどの活動に関するものから自分自身が企画しているものまでと、こちらに関心があるかどうかにはまったく頓着しないで、案内状などを送ってくる。

会ったときに、そのような分野に関連して話が弾んだとか、興味を持っている旨を表明したとかの事実があれば、当然のことである。情報網が広がったことを喜び、見聞を広める機会に参加しようと思うかもしれない。だが、どのようなことに関心があるかも知らない人に対して、何でもよいから「案内」を送っておこうとする姿勢は、不快感を与えるだけである。

また、その会などへの参加に対して会費を要求するような場合は、押し売りをしようとしている結果になる。嫌がられ敬遠されるのは火を見るよりも明らかである。人間同士としてつきあおうとする姿勢がまったく見えない。自分のビジネスなどの「販路拡張」に対する手段の一つとしか考えていない。

初めからお互いに仕事上の関心ないしは欲気があったときは、大いに情報交換をしたり押し売りを試みたりするのもよい。それぞれがそれぞれの立場において利が図れるかどうかを考えたうえで、対応をしていく。押し売りに対しては、将来の利益をもくろんだ投資のつもりで「つきあい買い」をするかもしれない。ビジネスは計算ずくでできる。計算どおりにいかなかったら、自分が下手なことをしたからだと思って諦めもつく。

しかしながら、**人間としてのつきあいをしていく場面では、お互いの思惑を推測しながら少しずつ近寄っていくのが常道だ。**そのような流れが、一方の恣意《しい》によってかき回された他方は信頼を裏切られたという思いを抱く。そこで、つきあいが頓挫《とんざ》したり消滅したりするのも当然だ。

人間関係に金銭のやり取りを持ち込まない

パーティーなどで会えば話をするうちに名刺を交換することになる。名刺のほとんどは仕事上のためにつくられている。したがって、組織の名称や肩書きが印刷されている。その名刺をビジネスには関係のない場で交換するので、仕事と個人の生活とを混同して考える結果になるようである。

私はプライベートな場で人と会うときのために、氏名、住所、電話番号、ファクス番号、それに電子メールアドレスだけを印刷した名刺をつくって持ち歩いていたことがある。しかし、どのような仕事をしているかと必ず聞かれるので、働いている事務所や組織の名称をその裏に印刷したものを使うようになった。結局、名刺はビジネスカード、すなわち業務用名刺なのである。

名刺はもらったら、その相手に自分の名刺を渡すのがルールだ。必ず交換をしなくてはならない。したがって、持ち合わせていないときは、後からでもよいから郵送する。どのような場合でも、もらいっ放しはよくない。パーティー会場などで、突然近寄ってきた人に、話もしないうちに名刺を差し出されても、押しいただいたうえで交換に自分の名刺を渡さなくてはならない。

政治家に名刺を渡したら最後で、すぐにセミナーやパーティーへの案内を送ってくる。高額の会費を徴収する会であり、迷惑に思う。これは極端な例であるが、それに似たようなことをしている人も少なくない。「危険」を察知した相手に対しては、名刺を渡さないようにしたほうが安全だ。礼を失することにはなるが、自衛のためには仕方がない、とほぞを固めておいたほうがよいかもしれない。

いずれにしても、**人間的なつきあいで始まった関係の中には、政治や宗教に関することはもとより、金銭のやり取りが生じるようなことも持ち込まないのが大原則である。**訪問販売の商品を売ろうとするなどは、以ての外だ。学生時代からの仲間で長年にわたって仲よくつきあっていたにもかかわらず、一方が訪問販売を始めて商品の紹介などをしたばかりに、疎遠になったという例は枚挙にいとまがない。

自分の子供のコンサートの入場券や録音盤などを買ってもらおうとするのも、明らかに行き過ぎである。それらは贈呈をする場合でも、相手と自分が非常に親密でツウカアの仲でない限りは、控えたほうが無難だ。相手側としても、花束を贈ったり祝い金を包んだりと、何らかの出費を強いられる結果になるからである。

友人同士のつきあいも、原則的には、当たらず障《さわ》らずを心掛ける。金銭的にも心理的にも貸し借りが生じる結果になるときは、慎重に考えたうえにする必要がある。友人や知人に金を出させるのは、あまり品のいいことではないと心得ておくのがよいだろう。

2章

×言い訳、ケチ、虚勢……

人の上に立つ「資質」を保つ

忙しがる

――計画性のなさを暴露してしまう人

慶弔《けいちょう》をはじめとする儀式の場であれビジネス関係の会合の場であれ、主催する側の人が挨拶をするときに、「皆様お忙しい中をお集まりいただき」などという台詞《せりふ》を聞かないほうが例外的だ。ほかにすることがあるはずであると想定している。それにもかかわらず、自分のほうの集まりを優先して参加してくれた点に対して、感謝の意を表明しようとしている。

また、会って挨拶をするときに、「お忙しいようですね」などともいう。これは相手に対するお世辞のようなものである。忙しいということは、仕事の場であれ社交の場であれ、人に求められていることを示している。金策に東奔西走していたり仕事を求めて走り回ったりしていることもあるが、通常は、もてているという、好ましい状態である。

特にビジネスの場においては、忙しいというのは、しなくてはならない仕事の量が現在している仕事の量を超える傾向にあることを示している。引く手あまたであって、ビジネスが隆盛である証拠だ。そこで、自分から「忙しい」ことを吹聴《ふいちょう》する人も出てくる。しかし、忙しいことがよいことであると考えられている状況の下では、それは自慢をすることにほかならない。

また、実際は忙しくもないのに忙しがるのは、うそをついていることであり虚勢を張っていることである。自慢をしたり、うそをついたり、虚勢を張ったりする姿勢には、品のかけらも見出すことができない。

特に、上司が「忙しい」を連発するのは、あまり感心できない。部下にとっては、愚痴《ぐち》をこぼしているとしか映らないからである。**忙しいというのは、一歩間違えば、計画性のないことを暴露した結果にもなりかねない。**上司には指揮権や裁量権があるので、計画的に仕事を進めていくことができるはずである。それができなかったら、上司としての資質を疑われても仕方がない。

「私だって」は上司の禁句

部下が忙しいことを訴えると、「自分だって忙しい」などといって、部下の言葉をはねつけようとする人がいる。部下の悩みに耳を傾け、その問題を解決する手助けをするのは、上司の役目の一つである。その役目を果たさないで、自分も同じ状態にあると相手にいうのは、上司の地位を返上したり捨てたりするのと同様である。自分を部下と同列にして論じているにも等しいからである。部下や外部の人たちが、何かで悩んだり困ったりしていて対策や同情を求めてきたときは、「私だって」という言葉は禁句だ。虚心坦懐に耳を傾けるのである。すぐに解決策を講じることはできなくても、それだけで相手は少なくとも少しは落ち着く。

航空機などが緊急事態に直面したときにおける乗務員の対応の仕方と同じである。乗客がパニックに陥っているときに自分たちまでもが慌《あわ》てたのでは、収拾がつかなくなる。プロである乗務員が落ち着いた態度を見せて、なすべきことを一つずつ冷静にしていけば、ほかの人たちの動揺した気持ちも、ある程度は収まっていく。乗務員の品格ある言動を見て、乗客自身も人間としてのプライドを取り戻すのである。

仕事の場における上司も、プロとしての自覚を持って、冷静な言動に徹しようとする心構えを失ってはならない。部下が不安定であったり動揺していたりすればするほど、悠然と構える。多くの仕事が一度に押し寄せてきたときでも、優先順位を見極めたうえで、一つずつ指示を出したり自分でも処理していったりする。

多くの仕事を目の前にしたとき、どれからしようかと迷っているうちに時間が過ぎていってしまう。重要度や緊急度が高いと思われるものから、即座に手をつけていく。一度に多くの仕事をすることはできない。とにかく一つずつ片づけていく以外に方法はない。したがって、**優先順位について判断ができなくて迷っている状態にあると思ったら、どれでもよいから手当たり次第に始末していくのである。**

多くの仕事を抱え込んだときは、「迷う」ひまはないことを銘記しておくべきだ。即座に行動を起こさなくてはならない。したがって、「忙しい」などというひまもないはずである。わき目も振らずに仕事をこなしていく姿には、勤勉な人間としての品が光り輝いている。

私もできるだけ「忙しい」という言葉は使わないようにしている。だが、ただ一つ例外がある。押し売りの電話は、「お忙しいところを」といった前置きの言葉から始まる。それに対して、間髪を入れず「そのとおりで忙しいので」といって話を聞くことを拒否している。

責任を回避する
——卑怯な言い草に終始する人

政治や経済の場で起こる不祥事は日常茶飯事となっている。それは新聞やテレビをはじめとするさまざまなメディアで、次々と世間に伝えられる。特にテレビでは、そのような事件の渦中にいる人たちの映像を目の当たりにすることができる。

明らかに責任者であると目《もく》されている人が何とか逃げようとする様子は、実に見苦しい。無言を決め込んで人と視線さえも合わせようとしない人がいる。政治や経済の大きな舞台で重要な役割を果たしている人には、黙秘権などという個人的な権利はないことを心得ておく必要がある。それよりも社会的責任が優先されるのだ。

「ノーコメント」の一点張りで通そうとする人もいる。だが、事情を説明しようとしないのは、説明すると不利であると考えているからだ。すなわち、自分にとって都合の悪いことであったり、自分が悪かったりすることを認めているに等しい。本人は多少なりとも格好をつけているつもりかもしれないが、化けの皮ははがれているのだ。

また、よく調べてみないとわからないという人もいる。大問題が起こったら真っ先に知る立場にあるはずの人が知らないというのは、うそをついているか、正真正銘のでくの坊であるかのどちらかである。いずれにしても、不名誉なことであるのは間違いない。

ずるい人は、初めから開き直る。何のことかわからないとか、自分には関係のないことであるとかいう。極悪非道な人は、忘れたなどと平気でうそぶく。人非人《にんぴにん》という烙印《らくいん》を押されても仕方のない人である。

また、自分が悪かったことを認める場合でも、さまざまな言い訳を述べ立てる。自分の責任を少しでも軽くしようとしているのだ。言葉の端々にも、その考え方が滲《にじ》み出ている。「私」ということを避け「私たち」と複数形を使うことによって、責任を分散させようとする類《たぐい》である。

そのような卑怯な言い草を聞いていると、それまでは「大物」であると考えていた人も一瞬のうちに「小物」になったように感じる。他人事《ひとごと》ながら寂しい思いがして、やり切れない気持ちになる。自分自身の心まで虚《うつ》ろになる。この世にあるかたちはすべて仮のものであって、すべては「空」であり虚である、と悟らざるをえない。色即《しきそく》是空《ぜくう》と考えなくては、自分までが前向きに生きる気力を失いそうになるときだ。

このような茶番が大きな表舞台で白昼堂々と繰り返されるので、人々もそれに慣れてくる傾向が見られる。そのような状況の中にあっては、不祥事に対して即座に潔く自分の非を認めて謝罪する人がいると、その人に品格があると「錯覚」するようになる。それは危険な兆候である。

大きな社会的責任を担《にな》っている人の場合は、たとえ過失による結果であったとしても、重大な結末については大いなる責任がある。徹底的に罪を償うまで監視を怠ってはならない。毅然として、悪は悪であると断じる姿勢を示す必要がある。

責任を奪い、手柄を譲る

ひるがえって自分の周辺を見ると、どうだろうか。仕事の場で上司という立場にありながら、常に責任回避をしようとしている人はいないか。チームとして一緒に仕事をしている限りは、上司とか部下とかには関係なく、多かれ少なかれ責任の一端はある。したがって、何か問題が起こったときは誰かに非を押しつけることは可能だ。しかしながら、**最も重い責任を負うのは上司の「役目」である。**

上司が主役であり、部下は脇役ないしは端役《はやく》であるはずだ。好ましくない事態に立ち至ったときだけ、上司が主役の座を部下に譲ろうとするのは、どのように考えても間違っている。そのような上司に限って、輝かしい成果が上がったときは、その手柄を一〇〇パーセント自分のものにしようとする。

「責任を譲り手柄を奪う」のは、上司の資格を返上するに等しい行為である。上司たる者は「責任を奪い手柄を譲る」のをモットーとするべきだ。それが人の上に立つ器量であり、品よく振る舞うための基本的な考え方である。

とにかく、責任を回避しようとして、しらばくれたり逃げ回ったり、さらには隠れたりするのは、みっともないことこのうえない。皆が上司に責任があることを知っているのであるから、その一挙手一投足を注視している。自分としては上手に逃げているると思っているかもしれないが、その逃げているところにスポットライトが当てられている状態になっている。頭隠して尻隠さずとなっていることを知らないのは本人だけなのだ。

真っ正面を向いた「頭」の部分を人目にさらせば、せめてその真摯《しんし》な姿勢に免じて、人々は「刑の軽減」を図ってくれるはずである。そこから再出発だ。

机の上を散らかし放題にする

――周囲に不安感を与える人

仕事ができるという評判の高い人がいる。マーケットを分析してその流れを把握する能力は抜群だ。眼光紙背《がんこうしはい》に徹するばかりの、読みの深さに対しては、誰もが感心してほめたたえる。さらには、難局に当たっても、決断力に富み大胆に挑戦していこうとする。極めて頼もしい人なのである。

ところが、その人の下で働いている部下たちの、その人に対する評価はあまり高くない。どちらかというと、できれば敬遠したいと思っている風情が見られる。その理由は、その人の机の上を見ると一目瞭然だ。まさに散らかし放題という状態になっている。**身の回りについてはきちんとできない、だらしない人であることを示している。**

部下は、そのだらしなさについて、数々の例を羅列《られつ》する。消しゴムを使ったときのカスも机の上に散らばったままにしておく。使った鉛筆やボールペンも投げ出したままにしておき、その上に書類を置くのも平気だ。そこで、また別の鉛筆やボールペンを取り出してきて使い、それもそのままにしておくルーズさである。整理すると、同じ机の上に何本もの筆記用具が置いてある結果になっている。

書類の整理がきちんとなされていないので、必要な書類を探すのに時間がかかる。机の上をいくら探しても見つからないと思っていたら、机の引き出しの中にあったという場合も稀ではない。大切な書類だと思ったので、大事にしまっておいていたのである。電話機も必ずしも定位置に置かれていないので、机の上はさらに乱雑を極めてくる。もちろん、ノートパソコンの位置にも定位置などはない。したがって、パソコンが始動しないといって人にチェックしてもらうと、コードが抜けていたということも一度や二度ではない。

コーヒーなどの飲み物を飲むときも、その容器を机の上に不用意に置くので、何かの拍子にひっくり返してしまう。突然の洪水に襲われた机上は、混乱状態に輪をかけたかたちになり、周囲の人たちをも巻き込んだ大騒ぎになるのである。

片づけながらするのが品のよい仕事の仕方

この上司は極端な例であるかもしれない。身の回りをきちんとした状態にしておくことができないと、周囲にいる人に不快感を与える。それは、社会の中にいる人間としては、その質に対して問題があるといわざるをえない。人間としての品格に欠陥があるのだ。

いくら仕事の面では洞察力に優れ決断力に富んでいるといっても、身の回りの整理整頓ができないようでは、不安感を抱かざるをえない。もしかしたら、実際には頭の中も同じように混沌とした状態になっているのではないか、と疑いたくもなる。緻密な観察や思考ができなかったら、思いがけない大失敗をするのではないか、と心配になる。これまでは、ただ運がよかっただけではないかなどと思われたとしても、仕方がないであろう。

仕事の場では、当然のことながら、仕事を中心に考えていかなくてはならない。だが、人間同士が「つきあう」場でもある。したがって、人に不快感を与えるような振る舞いをするのは、仕事の場に対してマイナス要因となる。人が前向きに進もうとする意欲を削《そ》ぐだけでも、よくない結果を招来する。

乱雑という人格的欠陥は品に欠けるという非難を受けるだけではなく、仕事の効率にも大いなる悪影響を与えてしまうのである。このような性格の元となる悪い癖は、早急に直さなくてはならない。

きちんと整理整頓をすることができない人には、生来ずぼらな人もいる。しかし、その大多数は、後でまとめて整理しようと思っている人たちだ。その場合に問題となるのは、「後で」というときの「後」の時期である。特定の作業が終わったときを考えている人もいれば、一日の仕事の終わりを思っている人もいる。まとめて整理をしようとしているのである。すなわち、整理すべきことを溜め込む結果になってしまう。

一連の作業が終わると、次の作業に取り掛からなくてはならない。一日の仕事が終わったときは、疲れ切っていて早く仕事の場を離れたいと思うかもしれない。したがって、整理をする機会がなくなる。「後で」をさらに後へと延期していくので、散らかった状態が続くことになるのである。

整理をするコツは、書類であれ道具であれ、それが不必要になったとき、そのつど即座に片づけることだ。片づけながら仕事をしていく姿勢が必要である。それがスマートで品のよい仕事の仕方であり、身の回りにすっきりとした雰囲気を漂わせていく道へとつながっていく。

利益ばかり強調する

――「腹八分目」という考えがない人

企業が利益を追求するのは当然のことで、それに異を唱える者はいない。企業にとって利益は、人間にとっての食べ物のようなもので、それなくしては存続することはできない。そこで、できるだけの利益を確保しようとして、企業は躍起になる。しかしながら、その場合にも、一定の節度を持った行動様式に従う必要がある。

なりふり構わず利潤を手にしようとするのは、いくらビジネスの世界だからといっても、人々の反感を買うのは疑いの余地がない。ビジネスとして割り切る度合いが過ぎて利益を追求する姿勢ばかりが目につくのは、やはり品が悪いといわざるをえない。

企業本来の目標は人々の幸せに寄与する点にあることを忘れてはならない。仕事に打ち込んで机に向かい続けていたり走り回ったりしているときは、つい忘れがちになる。だが、**仕事の節目で、また新しいプロジェクトに取り掛かるときなどには、企業の社会貢献という線に沿った仕事であるかどうかについて、常に自問自答をする習慣**

をつけておいたほうがよい。それを怠ると、社会の非難を受ける結果になったり、不祥事に発展していく火種になったりする。

上司の中にも、この点に対する正しい考え方の重要性を認識していない人は多い。確かに、今日のように競争が熾烈《しれつ》なマーケットの中にあっては、少しでも多くの利益を手に入れようとする熱心さは必要である。しかし、そのために、企業本来の目的を見失うようなことになったのでは、企業の存在意義を否定するにも等しい。

利益は企業が存続するための食料である点を考え、食べ過ぎにもならないようにと時どき反省してみる。利益が必要だと考えて求めようと努力するのはよいが、飽くことなくほしがるのは行き過ぎだ。それは暴利をむさぼろうとする姿勢につながっていく。利益も「腹八分目」と考えていく余裕が望まれる。それが、社会に尽くし社会の流れと調和を保っていく結果になる。

朝から晩まで、会社の売り上げや利益のことばかり念頭に置いて指揮を執ったり自分自身も動いたりしている上司には、品というものがまったく感じられない。部下と話をする機会があるたびに、利潤を生み出すことを強調している。部下を利益を上げる「道具」としか考えていない風情が見られる。したがって、部下を会社の利益の観点のみから評価している。上司であれ部下であれ、会社のために働いて尽くすのは当然の義務である。しかしながら、利をむさぼろうとする会社のお先棒をかついだり尻馬に乗ったりする感のある上司はいただけない。人間らしい温かみが感じられないので、人間としての魅力がない。単なる「働きマシン」は、品がよいとか悪いとかではなく、品がない。品について考えたこともない人である。

金銭欲と品格は反比例する

企業社会も人間社会の一部であることには、疑いの余地がない。したがって、人間同士としてのつきあいの要素は不可欠だ。企業内の会話も、売り上げや利潤、それに業務の進行状況についてだけではなく、個人的なことについてもする必要がある。

ある世界的規模の企業で、アジア地域を担当していた女性の役員がいた。来日するごとに幹部社員を集めて歓談の機会を持っていた。だが、いつも仕事の話ばかりである。まず自分が業界や会社の最近の動向を話したうえで、一人ひとりと話をするが、「忙しくしているか」とか「利益の見込みはどうか」とか、会社の利益を念頭に置いた話しかしない。

立ち居振る舞いもきれいで、一緒に食事をするときのマナーにも優雅さが感じられキビキビとした言動にも、知性が溢《あふ》れている。しかし、利益という金にまつわる話題に終始するので、つきあえばつきあうほど人間的な魅力が失われていく。話し掛ける口調は優しいのであるが、金のにおいという冷たさがつきまとっている。そこで、人間的な品を落としているのである。

時どき、それぞれの家族について聞いて、「一緒に旅行をよくするのか」とか「子供の教育に苦労をしていないか」とかいってみれば、親近感が増すはずだ。その瞬間においては、上司と部下という関係ではなく、人間同士として同じレベルに立って話をすることになるからである。

金は大切なものであるが、金の話を前面に押し出すと、人間としての品位にはマイナスの影響を与える。金銭的なものに対する関心の深さと人間的な品格とは反比例するものと心得ておいたほうがよい。

安物ずくめ

――倹約を超えるドケチな人

私のコンサルタント業務の方式には、単なる助言や指導をするだけではなく、顧客企業の業務の一部を遂行していくかたちのものが多かった。特定の実務を分担して実行していくのであるから、企業の中に自分の個室や机をつくってもらって、社員と同じように働くのである。したがって、企業の中の様子がよくわかる。そのようにして得た、現実的な知識や経験に基づいて、助言や提言もしていく。

社員のようにその企業一筋と考えていく立場ではないので、第三者的な視点にも立つことができる。したがって、ある程度は大所高所からの考え方や意見を述べることが可能になるのである。企業の日常業務をこなしたうえであるので、説得力があるという利点もあった。そのようにして仕事をしていた客先の中に、あるアメリカ企業の日本事務所があった。仕事の内容も面白いので、私としてもかなりの時間を割いて一所懸命に尽くす結果になっていた。私が仕事をしていた数年の間に、所長も何回か替わった。それぞれに自分の特長を発揮して業務の推進に努めていたが、一人だけ所長らしくない人がいた。

すべての点において、みすぼらしいのだ。まず服装がよくない。スーツはよれよれで靴も相当くたびれている。シャツも洗濯はしているらしいが、アイロンを掛けていないのでしわくちゃのままだ。通勤にはナップザックを背負ってスニーカーをはく。経済的ではあるかもしれないが、違和感を感じざるをえない。時計もおもちゃのようなもので、筆記用具はすべて会社から提供される使い捨ての安物を使っている。

昼食時は安いサンドイッチを買ってきたり、家から持ってきたカップラーメンに湯を注いだりして食べている。レストランに行くのは会社の費用で客を接待するときだけだ。部下を食事に誘ったのも見たことがない。一度だけ事務所の全員を自宅の夕食に招待したことがある。皆それぞれに手みやげを持って集まった。

飲み物は缶ビールと二種類のソフトドリンクのみで、それも缶ビールは途中で品切れになってしまった。食べ物も、どこでこれほどの安物を調達してきたのかと〝感嘆〟するほかないものばかりだ。集まったのは二〇人足らずであったが、一種類でさえも皆の口に入るだけの数は用意してなかった。

表面的には皆、陽気にしようと努力していたが、時どきお互いに目が合うと、しらけた気分をこっそりと確認し合っているようであった。

住居自体は立派である。社宅に対する予算に従って選んでいるので、便利のよい場所に位置し、広さも人が羨《うらや》むほどのものである。ただ、カーテンがないので、なぜかと聞くと、必要ないという返事であった。寝室は庭の木の陰になる部屋にしているし、夜は二階で過ごすので、外からは見えないというのだ。ただし、一階の居間の窓から入ってくる日光がまぶしくなると、太陽の移動につれて自分自身の居場所も移動させるのだ、といって笑っていた。

高額の年俸をもらっているにもかかわらず、徹底的に倹約をしようとしていた。無駄を省いて費用を切り詰めるというのが「倹約」という言葉の意味である。彼の場合、無駄だけではなく必要最低限のことまでも省こうとするのであるから、倹約という言葉でカバーする次元を超えている。ドケチというほかない。

立場にふさわしい「格」を保つように振る舞う

贅沢《ぜいたく》をする必要はないし、倹約をするのはよい。しかし、自分の立場からあまりにも懸け離れた生活をしたのでは、そのアンバランスさに人々は驚愕して不安を覚える。安物ばかりに囲まれて生活をしていたら、肝心の人生そのものまでが安物になってしまう。外見がみすぼらし過ぎると、中身までも安っぽくなり、品のよさなどまったくなくなる。

社会の中で自分が置かれている立場に、ある程度は従い、それにふさわしい「格」を維持していく必要がある。上司は上司らしく格好をつけた振る舞いもしなくてはならない。度が外れたケチを押し通されたのでは、部下としても、つきあう接点が見つからなくなる。

身につける衣服や食べる食事の内容も、人と人とがつきあうときの重要な道具立ての一部である。安物ずくめのライフスタイルであったら、どのようにしてつきあっていったらよいかわからなくて、相手はとまどう。**部下が「この人が自分の上司です」といって、胸を張って人にいえるかどうかが、品のよい上司であるかどうかの判断基準の一つである。**その点に焦点を合わせて、自分の生き方を構築していけばよい。

件《くだん》の所長と最後に会ったとき、「缶ビールでも飲むか」と誘われたが、「ノー、サンキュー」といい、笑顔を見せ手を振って別れた。

虚勢を張って傲慢

――自分を偉いと思わせたい人

自分の能力について自信のない人は、何とかして自分を実力以上に見せようとして、いろいろな手段を講じる。最も簡単な方式は、威張ってみせることである。偉そうなことをいったり強そうに振る舞ってみたりする。そのような高圧的な働き掛けを、ことさらにするので、冷静に物事を見る目のある人にとっては、すぐに虚勢であることがわかる。

威張るのは自己宣伝の一つであり、自分にとって都合のよいことばかりを強調するので、誇大広告にも似ている。そもそも自己宣伝は客観性において欠けているので、信憑性《しんぴょうせい》が少ない。いっていることや態度に関して、ちょっとでも疑問を抱かれたら、すべての内容がうそであると考えられても仕方がない。

特に上司と部下の間では、毎日身近で一緒に仕事をしているのであるから、どのくらいの実力があるかについて、お互いに十分わかっている。上司が偉いかどうか、また強いか弱いか、すべてわかっている。そこで威張ってみせるのは、逆効果でしかない。人間性の浅薄さをさらけ出してみせることになり、部下の信用を失うだけである。**威張りたくなったら、自分に実力が備わっていない証拠である、と考えてよい。**威張るのは常に「空威張り」にしかならない、と心得るべきだ。自分が偉くないのを知っているので、威張ることによって、自分を偉いと思わせようとしている。その心のさもしさを反省する必要がある。

虚勢を張るために無理をするひまがあったら、その時間とエネルギーを、少しでも実力をつける方向へと使ったほうがよい。威張る人は、その土台となる事実や力がなかったり脆弱《ぜいじゃく》であったりするので、いつも不安定な状態になっている。威張ったことを正当化するためには威張り続けなくてはならない。常に気を抜くことのできない「自転車操業」をすることになる。

それよりも、少しずつ実力を蓄えていったほうが気も楽である。真摯な努力の積み重ねをしていく雰囲気は、周囲の人たちにも感じられる。それは厳粛な力を秘めているので、侵《おか》し難いものとなる。実力が備わってきて、それを部下たちも認めてくれるからである。そうなると、威張る必要はなくなる。

しかしながら、そのような地道な努力ができない人もいる。威張ることに対して部下たちが何ら表向きの抵抗を示さないので、態度がだんだんとエスカレートしていく。人を見下すことによって、自分の位置をさらに高めようとするのである。傲慢《ごうまん》になってくると、人品骨柄卑《いや》しくなり、まさに末期症状の一つといわざるをえなくなる。

自信があるときほど「裸の王様」になりやすい

人を人とも思わず傍若無人《ぼうじゃくぶじん》に振る舞うようになると、自分がいちばん偉いと思うようになる。そのような上司の場合、ちょっとでも批判的なことをいわれただけで、威《い》丈高《たけだか》になって上から抑えつけようとする姿勢に出る。それまでに威張り続けることによって築き上げてきた「権威」を盾に、問答無用とばかりに切り捨てるのである。自分にとって都合の悪い、部下の言い分などに対しては耳を貸そうともしない。

そうなると、部下としては手がつけられなくなる。専制君主に仕えるつもりで接する者が多くなる。そのほうが無難である。下手に正論をいったとしても、頭ごなしに否定されたうえに、考えが稚拙《ちせつ》などとこき下ろされて嫌な思いをするだけだ。祭り上げておいたほうがよいという雰囲気になると、いずれは「裸の王様」になる運命である。

ちょっとした虚勢を張ることに始まり、威張るのが癖になって傲慢になり、裸の王様になっていく過程は徐々にであるから、自分としては気づかない人も多い。時どき自分の行動様式をチェックしてみる。自信があると思っているときが危ない。自分が何かをいったとき、部下たちに同調する気配が多く見られたら、裸の王様になりつつある可能性が高い。

人前で裸になるのは品がよくない。本人が得意になっていれば、その品の悪さも度を超えたものになっている。表向きは皆も神妙な顔をしているが、陰では嫌悪の感情をあらわにしたり、軽蔑《けいべつ》した目で見ていたりするのである。

本当に内容のある実力を備えていたら、自分から偉そうに振る舞わなくても、皆が敬意を表してくれ、心から恭順《きょうじゅん》の意を示してくれる。黙っていても、部下が盛り立ててくれる。もちろん、部下の中には下剋上《げこくじょう》を狙って、従おうとしない者もいる。だが、そのような無礼者を抑えつけようとして威張ってみせたのでは、その部下の次元まで自分が下がっていくことになる。相手にしないで超然とした態度を取るべきだ。それが品のよい上司であり続ける道である。

崩れた姿勢
――考え方が真っ直ぐでない人

仕事をきちんとこなし部下に対しても親切な上司であるが、姿勢が悪いと、上司としての貫禄が感じられない。いつも前屈《まえかが》みになっているので、積極的に前進していこうとする気迫が感じられない。矢でも鉄砲でも持ってこいという力強さがないので、頼りない感じがつきまとう。外部の人に対しても、胸を張って「私の上司です」というのは気が引けるような人だ。

姿勢は身体の格好であるが、それは同時に心構えも示している。心が素直であれば、身体も自然に真っ直ぐになっているはずだ。その逆も同じで、身体を真っ直ぐに保っていれば、考え方もストレートなものになってくる。したがって、伝統的な教育や修行の場では、まず姿勢や動作などのカタチを教えることから始めるのである。

手足など身体の隅々にまで神経を使って、正しい姿勢を取ることを学ぶ。身体の動きについても、最も自然で美しいカタチになるようにと、磨きを掛けていく。そのようなカタチをつくり上げていく過程において、心を込めなくてはならない。それは精神を統一する結果になる。すなわち正しい心構えが備わってくるのである。

たとえば茶道を習うときだ。座り方から歩き方に至るまでの立ち居振る舞いについて、数々のルールがあり、それらを徹底的に教わる。一つひとつの動作について、最も美しく最も機能的なカタチがある。身体を動かすスピードや角度などの細かい点に至るまで、定められた約束事がある。それらは茶道の歴史という長い年月にわたって、練り上げられたものだ。したがって、よりよいカタチをつくろうとする新しい試みは、失敗に終わってしまうのが現実である。

いずれにしても、完成度の高いカタチを身につけるべく、試行錯誤を重ねながら訓練をしていく。それらの動作のあちこちには、心を込めなければカタチにならない部分がつくられている。そこで、きちんとしたカタチをつくっていけば、きちんとした精神が形成されていく結果になるのだ。

ソフトランディングを心掛ける

仕事の場においても同じようなことがいえる。肩を落とし背中を丸めて、だらしない格好をしていたのでは、その人の仕事に対する心構えだけではなく、周囲の雰囲気までもがだらしなく感じられる。およそ、品などかけらも感じられない状況だ。特に上司がそのような格好をしていたのでは、部下に示しがつかない。

そもそも人と相対するときは、姿勢を正しくするのが最低限のマナーである。相手が目上であれ目下であれ、それが相手を同じ人間として認めたうえで敬意を表する姿勢だ。考え事をしているときなどは、つい姿勢を崩しているかもしれない。したがって、事あるたびに、姿勢を正しくしているかどうかをチェックしてみる。さらに、**人と接するときは、常に背筋を伸ばして相手の目を見ることを習慣づける**のである。

姿勢がよければ心構えもきちんとしてくるので、その場の流れにもちょっとした緊張感が生じてくる。したがって、何らかの欠点があっても、それが表に出てこない。そこで「姿勢のよいは七難隠す」ということができる。ただ座っていたり立っていたりするときだけではなく、身体を動かすときでも、姿勢を崩すことのないようにするのだ。

それだけで、きちんとした性格であることを、人々に対して印象づけることができる。たとえ、多少は論旨《ろんし》が不明確であったり舌足らずの話し方になっていたりしても、好感を持たれる。さらに、姿勢が正しかったら、物の取り扱い方も自然に丁寧になる。机の上に何かを置くときでも、投げ捨てるような置き方にはならない。物を乱暴に扱う人は、自分自身の振る舞いも粗野だ。したがって、当然のことながら、人に対する接し方もいい加減である。

物を置くときは、ソフトランディングを心掛ける。床や机の上に近づくに従ってスピードを緩め、そっと静かに置き、それからゆっくりと手を離していく。物を置くときは、いとしい人と別れるときのようなつもりでするように、といわれている。離れたくない気持ちが、手を離すまでの時間を長引かせるのである。

もちろん、そのときの姿勢も毅然たるものでなくてはならない。さもないと、単なる弱々しさが表現されるだけだ。信念を貫こうとする力強い姿勢でなくては、品格がなくなってしまう。

奇をてらう身なり
――場違いな「見せ物」になっている人

外国の法律事務所の仕事にかかわっていたころ、政府系の銀行へ頻繁に出入りしていたことがある。海外に関係した業務を主としている銀行なので、国際的なセンスに溢れた人たちが多かった。世界に目を向けた考え方をしているので視野も広く、話の論理もすぐに通じるので、ストレートに話し合うことができた。人に応対する態度もスマートで、訪ねていくたびに快適なビジネスの雰囲気を味わっていた。

中堅幹部の中に、ひときわ目立つ人がいた。いつも原色のスーツに同系色のワイシャツとネクタイという身なりをしている。それも、行くたびに赤や緑や青、それに紫と、色が異なっている。際立った服装であるから、一度見ただけで覚えてしまう。何度か会っているうちに、今日は何色なのであろうかと期待するようにもなる。

きれいな色であるのだが、何度も見るたびに抵抗感がつのってくる。やはり派手過ぎるので、ビジネスの内容とそぐわない点が気になるのだ。金融という信用を大切にするビジネスの場に必要な重厚感が感じられないからである。そう考えた途端に、その人が話している言葉や内容に、身なりほど独創的で目立つ点のないことに気がつく。**服装は自己主張である。自分の打ち出したい個性を表現するのだ。**ただ人目を惹《ひ》いて強い印象を与えようと思っただけの演出をしたのでは、内なる個性とのチグハグさが表に出てくる。それが人々に違和感を与えるのである。それに、服装はその場の目的や雰囲気に合ったものでなくてはならない。そうでないと、単に場違いな「見せ物」になってしまう危険性が高い。

「さわやかにすっきり」が上品な身なりのキーワード

原色の洋服を毎日取っ換え引っ換え着るのは、豪華客船に乗って優雅な船旅をしているときであれば、着ている人だけではなく見る人にとっても楽しいものになるはずだ。日常生活から離れて目一杯のおしゃれをして、新しい自分を演出する。ワクワクする気分を盛り上げるためにも、極めて効果的である。しかし、保守的な業種の仕事の場にはふさわしくない。

周囲の雰囲気から独り浮き上がって見えるので、その性格について疑う気持ちが芽生えてくる。単なる目立ちたがり屋かもしれないと思うと、途端に、その人に対してマイナスの感情を抱くようにもなる。やはり服装は自分自身の身分や立場、それにその場の状況にふさわしいものでなくては、品格を疑われても仕方がない。

身につけるものは、自分の考え方や気分に合っているだけではなく、**その場にいる人たちの考え方をも考慮に入れ、その人たちにも敬意を表したものにする必要がある。**さらには、美的にも調和がとれていなくてはならない。しかも、人々を惑わせるような要素があってはならず、さっぱりとした感じを与えるものにする。それが上品な身なりである。

特に上司としては、人々に抵抗感を感じさせるような身なりをしてはいけない。部下たちが好感を持って近寄ってくるような雰囲気を醸し出す必要がある。したがって、派手で賑《にぎ》やかな感じのものは避ける。「さわやかにすっきり」というのがキーワードだ。

男性のスーツ姿についていえば、スーツとワイシャツとネクタイの組み合わせをシンプルにする。たとえば、ストライプのスーツにチェックのシャツを着て、水玉模様のネクタイをしたのでは、「騒々しい」というほかない。しかも、それぞれに色彩が異なっていたら、コメディアンの舞台衣裳である。上司としての貫禄は失われ、品のかけらも感じられなくなる。

これは極端な例であるとしても、これに類した服装にならないように注意する必要がある。品のよい服装をする秘訣の一つは、模様があるものに模様があるものを重ねないことだ。ゴチャゴチャとした感じになると、人々の目はそこへと向けられる。すると、自分自身の印象が薄くなる結果になる。

服装が人の目を奪うようであってはいけない。服装は自分自身を引き立てる脇役であって主役ではない。落ち着いて味わいのある演技をする脇役について、「いぶし銀のような」という形容をすることがある。そのような趣のある服装をしようと心掛けていけばよいのだ。

着ているものをほめられて喜んでいたのでは、情けないというほかない。それでは服がほめられただけである。そのうえに、自分に似合っているといわれて初めて喜ぶべきである。そのときは、自分の着こなしのセンスがほめられたのであるから。

3章

×無神経、八つ当たり、損得勘定……

自分を「安く」見せない

無料だと食べ放題

——食事に損得勘定を持ち込む人

レストランや居酒屋で、食べ放題とか飲み放題とかいって、客寄せをしているところがある。多く食べたり飲んだりすればするほど、単価が安くなる結果になるので、客としては得をした気になるのがみそだ。だが、必要以上に飲み食いしたのでは、暴飲暴食をすることになって、自分の健康にとってはマイナスでしかない。

自宅で食事をするときは、おいしいからと多少は食べ過ぎになったとしても、多く食べたら得をするとは考えない。ところが、外で代金を支払って食べるとなると、店と自分との関係で損得勘定をするのである。しかし、それは自分自身が得をしたという計算ではない。店側は同じ代金をもらって、より多くの料理や飲み物を提供したので、その点に関して「損」をしていると考える。その結果、自分としては「相対的」に得をしたという考え方だ。一種の錯覚に陥って満足をしているにすぎない。

酒飲みにとっては、飲み放題となれば心置きなく飲めるので嬉しい。しかしながら、普段の自分のペースを超えた速さで飲んでいるのを見ると、人間の欲の深さや浅ましさを感じて、寂しい思いをする。特に、宴が終わりに近づいて注文を締め切るときになると、むやみやたらに注文を入れておく人がいる。

ちょっとくらい調子に乗って羽目を外すのはご愛嬌であるが、大の大人がそのような振る舞いをするのは、強欲の権化《ごんげ》を見る思いがする。血気盛りの若者であれば、その能力の限りを試みてみようとする意気が感じられるので、まだ救いがある。もちろん、その場合でも健康状態に重大な支障を来《きた》す危険性があることは否めないので、賛成はできないが。

若い人たちの場合は、若気の至りとして見ることもできる。若者は未熟であるから、粗野であるのも仕方がないと考える。だが、**粗野は下品に通じる**。若さのエネルギーが、その下品さを覆い隠しているので、下品さに気がつかないだけである。

強欲の権化ともいうべき人たちに出会うのは、飲み放題で乱痴気《らんちき》騒ぎの状態になっている、街中の居酒屋などだけではない。紳士淑女が集う一流ホテルの宴会場やレストランの中でも、頻繁に見ることができる。バイキングの形式をとっている場合だ。皿いっぱいに料理を取ってきて食べている。もちろん好きな料理であれば、それもよい。だが、いくら取ってきても、自分が招待客としてパーティーに参加しているのであるから無料であるとか、支払う代金には変わりがないとか考えて、手当たり次第に盛ってきている人がいる。そういう人は、嫌いであったり食べ切れなかったりした料理を大量に残したままで皿を片づけてもらって、平気な顔をしている。

勝手気まま過ぎる、そのような振る舞いは下品そのものである。さらに、自分が皿に取ってきたものを何の愛着も感じないで捨てることができるのは、非情な人である証拠だ。品についていう以前に、人間性の欠如を疑わざるをえない。自分の行動に対して責任を持とうとする意識がまったくない。社会人としても失格である。

「無料」にはすぐに手を出さない

とにかく、無料であるからといって、むやみやたらに食べたり食べてみようと思ったりするのは、浅ましい。本人は得をしたと思っているかもしれないが、周囲の人から軽く見られることは間違いない。食べ物や飲み物に限らず何かを無料でもらう機会があるときは、すぐには手を出さないことだ。それが有料であったとしても、もらおうとするかどうかを自問自答したうえにする。そうすれば、少しは節度のある振る舞い方になるはずだ。

デパートの地下にある食品売場では、それぞれの店が競って客を取り込もうとしている。そのための一つの方策として、試食をさせている。食べ物は一〇〇回見たとしても、その味はわからない。自分の舌で一度味わってみるのがいちばんだ。「百見は一味に如《し》かず」ということができる。したがって、試食は消費者の立場に立った、極めて効果的な販売促進手段の一つである。

ここでも、次々と試食をして歩いている人がいる。試食でもいくつも重ねれば軽食になる。そう思っているとしか見えない人もいる。試食の「はしご」ははしたない。**本当に自分が興味を惹かれた物や、おいしかったら買うかもしれないと思う物だけに手を出すようにする**。そうすれば、品位を保つこともできる。

もちろん、自分で金を支払えば何をしてもよいというわけではない。そういう考え方をすれば、暴君的な行動をすることになり、どこに行っても嫌がられる存在になる。表向きはその人が歓迎されているようだが、実際にはその人の持っている金が歓迎されているだけだ。

店員を召使い扱い

——「小さな暴君」になってしまう人

下男下女とか召使いとか呼ばれる人は、現在の社会ではもう見られないはずである。これらの人は、主人に隷属《れいぞく》して、命令されることは何でも忠実にする。口答えをすることは許されず、黙々と下働きに精を出さなくてはならなかった。

しかし、企業のあちこちでは、実質的には召使いのように扱われて、こき使われている人が多いのではないだろうか。従業員とか社員とかいわれて、身分的には一通りの地位が保障されている様子であるが、一皮むけば、召使いというよりも奴隷のように扱われていることも少なくない。それぞれの役職の中で多少の裁量をする自由は許されているが、朝から晩まで長時間にわたって縛られている。

表向きは働くことを強制されてはいないが、企業の方針どおりに働いて期待される成果を上げないときは、辞めさせられてしまうという制裁が待っている。したがって、奴隷と同じように、力の限り、というよりも無理をして身を粉にする結果になる。その「強制労働」をさせられているのは、企業の底辺にいる人たちに限らず、上層部の人たちも同様である。ただ、その度合いが多少違っているだけに過ぎない。

ただ自分が食べていくために、また家族を養っていくために、一所懸命になって働いている。したがって、**冷静になって考えるひまもないので、自分自身が置かれている現状や境遇について、正確な見方をすることができなくなっているのだ。**または、現状を直視すれば、自分のプライドがふっ飛んでしまい、生きていく支えの一つがなくなってしまう。そこで、客観的かつ分析的に見ていくことを意識的に避けているのかもしれない。

もちろん、金を稼ぐためには、奴隷のように扱われて人間性を無視されても構わない、と割り切っている人たちもいる。人が嫌がったり危険が伴ったりする仕事でも我慢しながらしている。そのような人たちは、一見したところ卑屈に見える働き方や振る舞いをしていても、それは入ってくる金と交換しているのだから当然だ、と考えている。いわば一つ頭を下げれば金が転がり込んでくると思って、喜んでいるのである。

仕事の社会では上司とか部下とかと分けて考えている部分もあるが、その働き方やそこにおける余裕の有無に関しては大差がない。皆が資本主義という「主人」に従って「下働き」をしている「召使い」になっているといっても、それほど誇張した描写ではないであろう。そのような状況の下にあっては、ストレスを抱えているのも当然だ。ストレスはどこかで発散させないと、心身の正常な維持が難しくなってくる。レジャーや遊興に身を委《ゆだ》ねることによって、一時的にではあれ神経をなだめている者もいれば、高尚な趣味や文化の世界に専念することによって、精神の高揚を図っている者もいる。

ストレスを無意識のうちに蹴散らかしたり意識的に昇華させたりして、心身のバランスを取っているのである。特に無意識にしている場合には、ストレスが隠然たるかたちで常に堆積《たいせき》している証拠だ。それが時どき、自分より弱い人に出会ったときに噴出してくる。

客と商人とはまったく対等な立場にある

自分が客という身分になったときが好機である。金を出して商品やサービスを買うのであるから、自分に全権がある。店員が自分のいうことを聞かなかったら買ってはやらないぞ、という姿勢を取ることができるのだ。そこで、初めから横柄《おうへい》な口の利き方をしたり、有無をいわさぬ振る舞いをしたりする。

現在はものが市場に溢れているので、客のほうが優位に立っている。商人としては買ってもらわないと食べていけないので、必死になって客の機嫌を取ろうとする。つい、主人に対して「仕える」姿勢になる。そこで、客は急に偉くなったような気になって、調子に乗る者も出てくるのである。

しかし、客も自分がほしいと思ったり必要としたりするものを手に入れるのが目的である。本当は売ってもらえなかったら困るはずだ。したがって、売ってもらうことに対しては感謝するべきである。客と商人は、金とものやサービスを「交換」するという、まったく対等な立場にある点を忘れてはならない。その時点における市場の需給関係によって、多少強くなったり弱くなったりするだけだ。

資本主義に酷使されているからといって、その憤懣《ふんまん》を客になったときに店の人たちにぶつけるのは、その場だけでの「小さな暴君」である。**自分が嫌に思ったからといって、その感情を自分より弱い人に転移させるのは、器量のない人のすることだ。**自分が嫌に思うことは人も嫌に思うことである。それを忘れてはならない。店員にも丁重な姿勢で対等に接していく人は、見ていてもエレガントである。

窓口の人に八つ当たり
——誰それかまわず詰め寄る人

電車や航空機など公共の交通機関では発着の時間が決められている。仕事であれ遊びであれ、乗客はその時刻表に従って自分のスケジュールを立てて、それらの乗り物を利用している。ところが、天災や事故などが起こると、時刻表どおりの運行はできなくなる。遅れに対して許容できる時間は、人によっても異なるし、そのときの目的地で何をするかによっても違ってくる。いずれにしても、大幅に遅れるときは、皆イライラしてきて、不満を口に出していう人も出てくる。そのようなときでも、遅れの原因が明確に知らされていれば、仕方がないと思って我慢することもできる。

一般的に人は理由もわからないままで待たされると、欲求不満がつのってくる。いつまで待てばよいのか、まったく見当がつかないからである。待つというのは、目的を実現するまでの時間を無為に過ごすことになるので、極めて非生産的な行動である。一瞬一瞬が自分の大切な人生の一部だ。それが自分のコントロールが利かないままに失われていくのであるから、取り返しのつかない損をしていると感じる。命を縮めていると考える人がいても不思議ではない。

待たされる理由がはっきりわかれば、時間の長さをいわれなくても、自分なりに推測してその後の予定を組み直すこともできる。事情がわからないと、どうしてよいかわからずに困ってしまう。**遅れたときは、その理由についてわかっている限り、できるだけ早く関係者に教えるのが、最低限の義務である。**

さて、乗り物が遅れるときの話であるが、長時間にわたって待たされたり運行再開の時間が決まらなかったりすると、乗客の中には、近くにいるその交通機関の従業員などに詰め寄る人がいる。だが、その人たちはその時点における企業側の「窓口」であるに過ぎない。事故に対しても、内部的には直接の責任はない。ましてや天災となると、不可抗力であって、誰の責任でもない。もちろん、天災が起こることに備えて防御的な態勢を整えておくのを怠っていたような場合は、人災として関係者に責任があるのだが。

駅員など単なる窓口の人に食ってかかるのは、ちょっと乱暴である。自分の憤懣をぶつけているだけで、八つ当たりにも等しい。紳士淑女の振る舞いとはいえないばかりか、実際の効果の程も疑わしい。もちろん、企業の側に立ったときは、外の人、特に顧客に対しては、社長から新入社員に至るまでの全員が「担当者」である。そのつど、窓口となり責任者となって、外部との対応に当たらなくてはならない。

そのような考え方をしていない窓口の人が、真摯な対応をしない場合は、その姿勢を正すべく詰問をして圧力を掛ける必要もある。企業から給料をもらっている限りは、乗客という顧客の支払っている金の一部を手にしていることであるから、顧客と接するときは、企業の顧客に対する義務を果たさなくてはならない。

ただ、乗客として窓口の人にかみついたり罵詈雑言《ばりぞうごん》を浴びせたりするのは、品に欠ける。起こったことについて説明をするにせよ、将来への施策や心構えを述べるにせよ、企業内で執行力のある人でないと、責任のある発言はできない。その場に駆けつけることのできる人で、最も責任ある上の立場にいる人に出てもらって、その人に文句をいうなり謝罪させるなりしたほうがよい。

苦情をいうと、アメリカでは「率直な意見」、日本では「うるさい客」

私が昔ニューヨークで働いていたころ、若輩《じゃくはい》にもかかわらず、というより若かったからであるが、高級レストランばかりでデートをしていた。そんなとき、ちょっとでもサービスが悪かったり内容に対して不満があったときは、すぐに「マネジャーを呼べ」といっていた。担当のウエーターにいったのでは、せいぜいその場限りの謝罪を聞くだけで終わってしまう。店の責任者にいえば、将来の改善にもつながる。実際にも、率直な意見をくれたといって感謝され、次に訪ねたときもよりよいサービスを受けることができた。

ところが、日本に帰ってきて同じようにしていたら、「うるさい客だ」と嫌がられる結果になった。**客の権利と店の義務に対する意識が明確なアメリカに比べて、日本の場合は関係者全員の和を重んじるのである。**確かに客が不満足な点を知ることは店にとっては大切であるが、担当者を飛び越して「直訴」するようなやり方は、その場のその時点における楽しい雰囲気を台無しにしてしまう。周囲にいる客にも迷惑を掛けるかもしれない。

現在は、すぐに文句をいうのを控えている。程度にもよるが、なあなあ主義に従ったほうが、時と場合によっては、品を落とさないですむようでもある。

人のライバルをほめる
——比較された側の気持ちがわからない人

量販店で商品を見て歩いている女性の二人連れがいる。単に興味本位で見ている「ひやかし」なのか、何かを買おうとして物色しているのかは、はっきりしない。いずれにしても、「安い」を連発しながらも、見掛けや品質について意見の交換をしている。

一方が買ってみようとする雰囲気になったようなときは、他方が「安物」であるといって牽制《けんせい》するという調子だ。もちろん、その会話は、あちこちに立っている店員の耳には筒抜けである。というよりも、聞こえよがしに話している気配もある。有名デパートの商品と比較したりして、「やはり高くてもあそこの商品のほうがよい」などといっている。

それは、自分たちは格式のあるデパートで買い物をしている「階級」であるということを、店員やほかの客たちに誇示しようとしている姿勢でもある。店員たちも心の中では鼻持ちならない人たちだと考えていても、もしかしたら買ってくれるかもしれないと期待して、愛想笑いをしている。

もちろん、有名デパートと量販店とでは、扱っている商品の種類や品質、それに価格なども、基本的に異なっている。商売の仕方も違っている。したがって、単純に比較することはできない。それぞれに長所があれば短所もある。賢い消費者は、その点をわきまえて上手に使い分けをしている。

だが、店は店である。多かれ少なかれ、お互いに競争相手だ。相手のほうが格が上であることは認めていても、自分の目の前で相手がほめられるのを聞くのは、あまり気分のよいものではない。しかも、はっきり自分と比較していわれたら、打ちのめされた感じになる。

ライバルのほうがすぐれているといわれたことは、相対的には自分が劣っているといわれたのと同じである。したがって、人の前でほかの人をほめるときは、慎重に考えたうえにする。直接の競争相手ではなくても、**同じようなことをしている人とか、同じような背景がある人とかについて話すときは、プラスの評価を示す言葉は発しないほうが無難だ。**

量販店で有名デパートをほめたいい方をするのも避けたほうがよい。用途が同じような商品を扱う小売店としては、あくまでも同業者である。比較の対象に十分なる関係にあるからだ。

「あそこの店のもおいしい」という

学生時代の友人を話題にするときのことを考えてみる。自分が企業に働いている場合であったら、官庁や法曹界に入った友人たちとは、あまり比較にならない。目覚ましい活躍をしている友人をほめそやす人がいたら、何らためらいもなく自分も同調する。

ところが、ほめられる友人がほかの企業で働いているときは、その企業の業種によって、自分の心の中の反応は微妙に違ってくる。まったく異なった業界である場合は、あまり抵抗感もなくて、自分も賞賛の声に加わることができる。だが、同じ業界に属する企業であると、自分の賞賛の声もしめりがちになる。企業規模が異なったりしていて、自分の活動する範囲や機会が限られているとしても、自分の努力が足りないのではないかと考え、内心忸怩《じくじ》たるものがあるからだ。

同じ企業内にあって、友人が立派な業績を上げているとしてほめられると、自分は何ら顕著な仕事をしていないといわれているのと同じなので、いたたまれない思いになる。その話題からできるだけ早く逃れたいと思って、別の話を持ち出したりする。背景や環境の条件が具体的に明確になり、その同質性が濃くなるに従って、明確な比較をするのが可能になる。環境の条件が似ていたり同じであったりすると、その中にいる人たちの能力や努力について、優劣の見極めをするのが容易になる。

レストランで食事をするときの会話においても、ほかの店をほめたたえる場合は、言葉遣いに気をつける。「あそこの店のはおいしいよ」といったのでは、「ここの店のはおいしくない」というにも等しい。その店の人たちの耳に入ったら、店の格に従って程度の差はあるとはいえ、店の人たちの感情を害する結果にもなりかねない。

隣の席にいる客が、自慢に思って友人を連れてきているような場合は、自尊心を傷つけられたと感じるかもしれない。「あそこの店のもおいしいよ」といえば、ここの店の料理もおいしいということになるので、波風は立たない。「は」と「も」の違いでも、人によっては鋭敏にかつ厳しく解釈する人がいる。双方をほめるいい方をするのが、気配りの上手な人で、皆から好かれる人である。

ドレスコードを無視する
——ほかの客の気分をふさぐ人

新しくできたホテルのレストランに招待された。最上階にあって眺めもよいという謳《うた》い文句で、男性は上着にネクタイ着用というドレスコードが記されていた。真夏の暑い日であったが、規則どおりに身なりを整えて出掛けていった。

昔ニューヨークで、ドレスコードがあるとは知らないで、高級レストランに行ったときのことは忘れない。やはり暑い日であったので、上はシャツだけであった。客もまばらであったので、隅のほうで隠れた風情をするように努めるからといったのだが、許されなかった。ファッション性のかけらもないネクタイを借りて締めさせられ、かなりくたびれた感じで、私にとってはオーバーコートよりも大きいダブダブの上着を着せられた。

それ以後は、ちょっとした高級店であれば、ドレスコードがあるかどうかを必ずチェックし、それに対して忠実に従うようになった。もちろん、レセプションやパーティーに出席するときも、招待状や案内状を詳細に見て、服装に関する規定の有無について確かめるのを忘れることはない。

その新しいホテルは都心部であるとはいえ中心からちょっと外れているという場所的なことと、真夏であるという季節的なこと、それに週末であるという曜日のことなどを考えると、開店して間もないときとはいえ、そのドレスコードはちょっと厳しいと感じた。しかし**規則は規則である。店が上質の雰囲気を醸し出そうとしているのに、それを客が勝手に壊すことは許されない。**

席に通され、インテリアの落ち着いたたたずまいに感心していた。窓の外には東京の郊外の夜景が広がっている。妻と二人で、招待されたことを喜び、家からも遠くないので時どきは利用しよう、などと話し合っていた。

そのうちに周囲の席も埋まり始めた。何となく違和感があったので、眺め回してみると、男性の半数以上が上着なしのシャツ姿だ。上着を着用している人も、そのほとんどはネクタイをしていない。裏切られた思いで、せっかく高揚しかかった気分も、急降下である。

するとすべてをネガティブな目で見るようになる。テーブルの配置が機能的になっていないとか、ワインの注ぎ方が下手であるとか、料理に塩気が多過ぎるとか、次々とケチをつける考え方になっていく。自分が期待していた雰囲気が壊れたので、プラス要因は見えなくてマイナス要因のみが見える色眼鏡を掛けた状態になったのである。

レストランでは内証話ぐらいの話し方が上品

シャツ姿の人たちが、大声でしゃべりまくり哄笑《こうしょう》の渦が巻き起こり始めたのも、私たちの否定的な気持ちに拍車を掛けた。やはり、高級レストランでは、ほかの客に迷惑を掛けないように品よく振る舞う必要がある。ほかの席の人が会話の内容をはっきり聞き取れるときは、大声で話している証拠である。

人に聞かれたら困る内証話をするつもりで話せば、それがレストランなどにおける品のよい話し方になる。笑うときも、口を開けないで笑うように心掛ける。仲間同士で楽しくしようとすればするほど、はしゃぐ結果になる。したがって、**盛り上がっているると思ったら、時どき自分たちの言動について反省してみる。**

周囲が静まり返っていると感じたときは、自分たちが騒ぎ過ぎているときである。

神経を集中すれば第六感が働くようになり、周囲の客の批判的な雰囲気を感じとることができるようになるだろう。店の人たちとしては、乱痴気騒ぎの様相を呈してこない限りは、ストレートに注意を喚起することはできない。だから、客のほうが自己管理をしなくてはならない。

高級レストランは静かで落ち着いた雰囲気が売り物である。ウエーターを呼ぶときも、「すみません」とか「ちょっと」とか「お願いします」とか声を発するのはルール違反だ。軽く手を挙げて目を合わせることによって、用があることを知らせる。ただ、最近はかなりの店でも、注意を惹こうと思って努力しても、まったく客の視線や手の動きを見ようとしない、訓練されていないマネジャーやウエーターがいる。客に声を出されたら、客の対応をする資格がないといわれたも同然であると思ってほしい。

レストランに限らず、どんな店でもその店なりに特徴のある雰囲気を演出すべく努力している。客としては、その雰囲気に合わせた言動をする。店の人たちやほかの客たちと協力して、人生の中の一時を一緒に過ごすのである。それが最も楽しく全員に満足のいくようなかたちになるのを目指して、客の一人として参加するつもりで行動するのだ。それが上品な振る舞いであり、人生を楽しく暮らしていく秘訣である。

専門家のいいなりになる
――「お似合いです」の言葉に弱い人

どんな分野のことであれ、専門家の意見や考え方を知り、それを参考にしながら生きていく必要がある。それが、できるだけ社会の基準に従っていく、安全な道だ。ただ単に自分勝手に考えて自己流に徹していこうとするのは、変わり者や頑固者のすることである。人間社会がせっかく積み上げてきた英知を無視するのであるから、もったいない限りで、大損をする結果になる。

三人寄っただけでも文殊《もんじゅ》の知恵である。ましてや歴史の中で結集されてきた大勢の知恵の場合は、自分一人の知恵よりもすぐれている。その点を認めないのは、向こう見ずの愚挙というほかない。少なくとも、既成の人知の結晶に対しては、大筋で従ったり参考にしたりする必要がある。

医療の分野について考えてみれば、その点は明らかだ。病気になったら医者に診てもらい治療をしてもらう。これまで経験したことのない、身体の異常であるにもかかわらず、「医者にかかるのは嫌いだ」などといって放置しておくのは、無謀である。医療の知識と経験のある、医者という専門家に診てもらわなかったばかりに、手遅れになって死期を早めた人は少なくない。

もちろん、現在の医療も完全ではない。現在の主流である西洋医学よりも、東洋医学や古来の民間療法がすぐれていて効能がある場合もある。しかし、いずれにしても、**専門家の意見を聞き、それに一応は従ってみる。そのうえで、自分自身の考え方ややり方を加味していけばよい**。細部にわたっては、自分のことは自分がいちばんよく知っている、というのもまた真実であるからだ。初めから自己流というのがいけないのである。

日常生活のあらゆる分野に、その分野の知識と経験、それに知恵を備えた専門家がいる。しかし、その人たちの意見にやみくもに従うのは、自主性を欠き、それだけに人間としての品格までも喪失する恐れがあるので、注意を要する。日常生活の場では、それまでに生きてきた年数だけの経験がある。その経験は自分に特有なもので、そこから自分の生活のパターンや行動様式が出来上がってきている。それについては、その道の専門家であるといえども、知識がない。

たとえば、衣服を買おうとして店を訪れる場合を考えてみる。店員は少なくとも店にある商品については専門家である。機能やファッション性について説明しながら助言をしてくれる。しかし、自分のライフスタイルを念頭に置き、これまでの経験を辿《たど》りながら、自分自身で判断を下していく。

店員は「お似合いです」などといってすすめるかもしれないが、その言葉をそのまま信じてはいけない。「馬子《まご》にも衣裳」で、誰でも飾り立てれば立派に見える。衣裳が自分を引き立ててくれるので、よく見えるだけであるかもしれない。店員が客のことを一〇〇パーセント思っていることはない。どんなに良心的な人であっても、「商売」をしようと考えている部分がある。

何をいわれても、それはあくまでも助言であると考えて、あとは自分自身で決める姿勢を崩してはならない。たとえ店員に二十年間の経験があったとしても、客は自分自身に衣服を着せてきたという、それよりも長い経験がある。その特殊な経験については知らないで、「浅い」知識に基づいて「自分勝手」な意見を述べていると考えるのだ。

商売の標的にならない

相手が専門家といえども、頭から信用するのは、相手の商売の餌食《えじき》になる危険性が高い。隷従《れいじゅう》にも等しい態度には、卑屈な気持ちが氷山の一角のように表されている。顧客としてもてはやされているかに見えるが、第三者から見ると商売の標的になっているだけである。卑屈は下品につながり、餌食は見るからに哀れだ。**自分を見失わないで毅然たる姿勢を貫いていく必要がある。**

専門家も有名になると横柄になる人がいる。自分は権威を確立していると思い、取り巻きに「崇《あが》め奉《たてまつ》られて」いるので、傲慢になっている自分自身がわかっていない。客を客とも思わないで、自分の考えや作品を押しつけようとする。押しつけは強制であり、強制は人格無視である。

そのような専門家に出会ったら、医師であれ弁護士であれ、またデザイナーやスタイリストであれシェフであれ、「専制君主」であると決めつけてよい。出会ったのが不幸だと諦めて、以後二度と会わないようにする。自らの人間の品位を落としてまでつきあう相手ではない。

手当たり次第、商品に触る

――「きずもの」になるほど乱暴に扱う人

本屋で平積みになっている書籍を買うとき、いちばん上に置いてある本をそのまま買っていこうとする人は少ない。薄い表紙の本であれば端がめくれ加減になっていたり、カバーの位置がずれていたりして、真新しさに欠けているからである。また外観にはまったく異常が認められなくても、誰かほかの人が手に取ったり触ったりした可能性が高い。手垢がついているかもしれないので、ちょっと気持ちが悪いと思うからでもある。

書籍に限らず、どんな商品の場合も同様だ。誰でも店で買おうとするときは、ただ見るだけではなく、手に取ったり触れてみたりして、自分の感覚を駆使しチェックしたうえで買う。商品によっては、ためつすがめつ点検して、真新しいものを選ぶ。

しかし、そのようにする権利が消費者にあるとはいえ、行き過ぎると権利の濫用《らんよう》となり、ほかの消費者に迷惑を掛ける結果となる。**その権利の行使は、必要最小限に留**

めておかないと、皆がするようになり、結局は自分自身の首をも絞めることになってしまう。

特に、生鮮食料品の場合は注意を要する。手で触れば、それだけ確実に鮮度が落ちていく。たとえ、包装がしてあったとしても、薄いものであれば、手の温度が伝わっていく。柔らかい商品の場合は、変形するかもしれず、そうなると間違いなく「きずもの」になる。

衣料品などのファッション商品の場合は、特にディスプレーに神経を使っている。格好よく見えるように、また機能がよくわかるようにと、工夫を凝らしている。シャツやスカーフ類は重ねて置いてあっても、美的な調和を図っている。だが、それを次々と手に取って見ては、そのまま放り投げるに等しいやり方で棚に返していく人がいる。

興味を抱いて、自分に似合うかどうかを見るために体に当ててみている人であったらまだよい。しかし、明らかにまったく買う気がないのに、手当たり次第ふざけ半分に触っていくのは、完全なルール違反である。ディスプレーのかたちを崩し、散らかしっ放しの様相を呈してくる。売り場という体裁を台無しにし、商売の邪魔をする結果にしかなっていない。店員としては、折り畳み直したり揃え直したりしなくてはならない。

何でも元どおりにしておく

一般的に、置いてあるものを手に取って見たり使ったりした後は、それを元の位置に返しておくのが大原則である。それだけでは十分でなく、さらに元どおりのかたちにして置いておかなくてはならない。その典型的な例を、茶道の作法のあちこちに見ることができる。その一つは、つくばいにおける柄杓《ひしやく》の扱い方である。

茶室に入る前には庭の中を通っていって、俗塵《ぞくじん》を振り払い、気持ちを純粋なものに高めていく。途中につくばいが置いてあり、その水を使って手を洗い口をすすいで心身を清める。つくばいの上には柄杓が置いてあるが、それは知恵を絞り美的センスをフルに発揮して、最も使いやすくて最も美しいかたちに置いてある。したがって、まずその置き方を鑑賞し、その造形美を頭の中に覚えておく必要がある。使い終わった後は、元の美しいかたちをできるだけ忠実に「再現」するべく努力するのだ。

つくばいにおける柄杓の扱い方一つを見るだけで、その人の茶道に対する精進の度合いが如実にわかる。ひいては、人生を素直に生きていき、人々の配慮に対して感謝し、それを台無しにすることのないようにしようとしているかどうかも、はっきりと見えてくる。美意識の程度や感受性の強さについても、垣間見える結果になる。

以上は茶道に関する話であるが、同じことは人生のあらゆる部分や場面についてもいうことができる。使ったら捨ててよいものでない限り、何でも元どおりにしておくのだ。それは整理整頓の原則の一つであり、人間社会の秩序を乱さないという心構えである。人の権利を侵害したり人に迷惑を掛けたりしないために守るべき、大切なルールだ。

ほかの人たちの心情に対する配慮のない振る舞いは、一見したところ身のこなしが優雅であり、ものの扱い方が優美であったとしても、下品と決めつけられても仕方がない。**人の心を理解し、それに対して相手が喜ぶような応え方をしていくのが、上品な振る舞いである。**下品とは心がこもっていないことであり、上品とは心がこもっていることである。人に対する思いやり、それも謙虚な思いやりの気持ちがあるかないかによって、品があるかないかが決まってくる。

値切る

――少しの得のためにライフスタイルを乱す人

私が独立した当初である一九七〇年代の初めころは、仕事のほとんどがファッション関係であった。一年に何回かニューヨーク、ロンドン、パリ、ローマ、ミラノなど、主だったファッションの発信基地を訪ね、その帰りにシンガポールや香港に寄ってくるという旅行をしていた。

香港では、ブランド物の時計やアクセサリー類のショッピングとおいしい中華料理を楽しむのが、主な目的であった。仕事をする中で知り合って仲よくなった、何人かの中国系のビジネスパーソンと情報交換をしたり食事をしたりするのも、楽しみの一つになっていた。

彼らから最初に教わったのは、香港でショッピングをするときは、どんな店であっても一応は値切ってみる、ということだった。しかし、中心街に位置している、立派な店でブランド商品を買おうとするときは、値切る「勇気」がなかった。そこで、安物の実用品を売っているマーケットに行ったとき、試みてみた。何とか努力して値切ることに成功したものの、何となく後味が悪い。

正札がついているのに、それよりも安くしたということは、初めから余分に儲けようとしていたということだ。負けてくれたとはいえ、不正直な商人であるから、まだまだ大きく儲けているのではないか。すると、本当はもっと安くしてくれることができたはずだから、客が「してやられる」結果になっている、と考える。疑惑と不満感が後まで尾を引くのである。

しかしながら、香港の友人たちは、買い物をするときは値切るのが習慣になっているだけの話だという。商人のいいなりになる必要はないので、値段については堂々と交渉するべきである、と主張する。確かにそのとおりだが、私は値切るのに慣れていないので、心の中にさまざまな抵抗感が生じる。

買い物をするときは、売る人を信用している。素性の知れない人からは買わない。最近は少なくなったが、見も知らぬ行商人から買おうとするときは、商品をためつすがめつチェックした。露天商人の場合は、同じ場所で何回か見掛けた後であれば、恐る恐るではあるが買ってみてもよいという気になる。

やはり店構えがきちんとしていたほうが安心できる。逃げ隠れもできないし固定客の愛顧を得ようと努力するはずである。少しでも客を騙すようなことをして、その悪評が立ったら、商売も成り立っていかなくなる。商品の質も保証し価格も公正にしていることを期待できる所以である。

それに、買い物をする場の雰囲気も重要な要素だ。ほしいと思ったり必要としたりする商品やサービスを手に入れるのが主な目的であるが、その手に入れる過程も自分にとってできるだけ楽しいものであったほうがよい。「ショッピングを楽しむ」というときの、その楽しみの内容を分析してみると、さまざまに副次的な目的があることもわかる。人によっては、店員とのふれ合いの中で会話を楽しむのが主な目的になっている人さえいる。特に、高齢で独り暮らしをしているような人の場合である。買う商品やサービスは単なる手段であって、買い物をするという時間を楽しむのが目的である。誇張していえば、客としてチヤホヤされる「時間の流れ」を買っているのだ。

売っている人たちの心情も考える

もちろん、値切ることによって、駆け引きを楽しむという人もいる。だが、商人側の立場に立てば、生計を立てるために懸命になってしている商売であるから、面白半分の慰《なぐさ》みの対象にされたのでは、気分もよくないであろう。買う側の人も、売っている人たちの心情を多少は斟酌《しんしゃく》したうえで、行動をする必要がある。

店を構え正札をつけた商品を売っていれば、一応は信用してみる。**自分の経験や知識に照らし合わせて、公正な価格であると判断したならば、黙って金を払うのだ。**その価格が疑わしいと思ったら、そこで買わなければよい。もし値切って安くしてくれたりしたら、表示と実際とが異なっている店であるという証拠である。値段だけでなく、ほかの点でも誠実さに欠ける可能性は十分にある。羊頭狗肉《ようとうくにく》の商売をしているかもしれないのだ。

また、万一、買った後で、高値を吹っ掛けていたことがわかった場合は、二度と訪れなければよい。「失敗は成功のもと」である。そこで人生における重要な教訓を「買った」と考えれば、意外に安い買い物をした結果にもなる。

少しの得をしようと思って値切ったりしたのでは、自分のスムーズなライフスタイルに傷がつく。ストレートに気分よく振る舞ったほうが、人に与える印象もすがすがしいはずだ。

4章

「人の目」を意識する

×自慢、幻滅マナー、調子に乗る……

親戚や友人の自慢
――「自慢ではないが……」から始まる人

男性と女性とが相手を明確なかたちで異性として意識したうえでつきあおうとするときは、お互いに自分の長所を知ってもらおうとして努力する。自分自身の美点だけではなく、自分の周辺に関する情報についても、人が魅力と感じる可能性のあることがあれば、それも教えようとする。

もちろん、性格的なことについては、面と向き合って話をしたり食事をしたりして、一緒に時間を過ごしていく中で、お互いに感じとっていく。生い立ちや経験してきたことについては、会話の中から少しずつ知っていくことになる。相手が問わず語りで教えてくれたことに対しては、同じ話題について、自分側の情報を「開示」していく。

逆に考えると、自分の知りたい情報があったら、その内容について自分側の事実をまず教えたうえで、相手側の情報を教えてもらうのだ。たとえば、相手の出生地について知りたいと思ったら、自分が生まれた場所についての話をする。その後で、相手はどこの出身なのかを聞く。公平の原理に従って話を進めていけば、スムーズな情報交換が可能である。

しかしながら、**自分が誇らしく思っていることについては、問わず語りを控えたほうが賢明だ**。性急に話題をその点に持っていったのでは、単なる自慢になってしまう可能性が高い。さらに、その点について相手が劣等感を持っていたとしたら、話がギクシャクしたものになる。

したがって、相手から聞かれるまでは、自分から話題にしていかないほうがよい。自分についての、人も羨むようなことについては、たとえ事実であっても、自分から進んで話をするのは避ける。話せば、どうしても自慢するというニュアンスがつきまとう。

よく「自慢ではないが」といって話し始めることがある。言葉のうえでは、自慢する意図を否定している。だが、人に自慢していると思われるのは覚悟のうえである心情が、いみじくも暴露されている。それでも、人に知ってもらいたいと思っているのである。「自慢ではないが」というのは、「これから自慢をしますが」というのとまったく同じ意味なのだ。慇懃《いんぎん》無礼にいっているだけである。

自慢ではないといって自慢をするのであるから、人を欺瞞《ぎまん》しようとする意図もうかがえる。それだけ、真摯な姿勢に欠ける人であると判断されても仕方がない。したがって、「自慢話になりますが」というほうが、まだ素直に自分を打ち出そうとしているので、少なくとも正直な人として好感が持てる。自分が誇りに思っているという気持ちがストレートに表現されている分だけ、救いがある。

誇りに思っていることは胸の中に秘めておく

いずれにしても、「自慢ではないが」などの前置きの台詞が口から出そうになったときは、その話を中止するのが賢明な人のすることだ。自慢をする結果になる話は、人から強要されたときのみにする。そのときも、恥ずかしそうな風情で、最低限に話がわかる程度の事実について話すのに留めておくことだ。できるだけ淡々と話していく。それが奥床しさである。自分に関することについて誇りを持つのはよいが、それを人に吹聴しようとする気になった途端に、自分の格を下げる結果になる。誇りに思っていることは、自分の胸の中に秘めておく。人にいってしまったのでは、誇りというプラスのエネルギーは発散されてなくなってしまう。秘めておけば、内なるエネルギーとして蓄えられ、それは自分を向上させるための推進力となる。

自慢ばかりしていたのでは、秘めたるものがなくなるので、薄っぺらな人間になってしまう。いざというときの気力の蓄えがない状態なので、見ていても非常に不安定である。どのような人間関係においても、自慢をするのはマイナスの効果しかない。特に、男性と女性とが異性としてつきあう場においては、「決定的な」マイナス要因となる。率直な誠実さに基づいた信頼関係が重要な場だからである。ほかの人間関係の場合には、金銭的な利がからまっているなど、ほかにも拠《よ》りどころとなるものがある点が異なっている。

親密さが増してきた段階においては、多少の自慢も場合によっては許される。それによって話が面白くなったり、お互いの理解が促進されたりする効果もある。しかしながら、**自分の親戚や友人たちに関する自慢話をするのは危険だ**。自分の格を上げようとしていっているかもしれないが、逆に自分自身について誇りに思うものがないことを示した結果にもなりかねない。親戚の人や友人に比べて自分が劣っているといっているにも等しい。さらに、自分には実力がないので、人の威を借りて自分をよく見せようとしていると解釈されても仕方がない。

男尊女卑

——女性からの尊敬を得られない人

田舎で結婚披露宴や葬式など、さらには近所同士の会合などに行くと、大体は男性が上座に位置して女性は下座になる。そこで、男尊女卑の流れが脈々と続いているのを、目の当たりにするのである。

もちろん、身分の上下によって差がつくこともあるが、まずは男性を優先するルールは先進的な大都会の中でも行われている場がある。たとえば、茶道の場では、一般的に席次を決めるときは男性を優先する風習が堂々と息づいているのを見ることが多い。茶道に習熟した女性よりも、ただ男性であるというだけで男性のほうが上座に座らせられているのは珍しくない。

女性を見下げているのが明らかにわかる。男尊女卑などという言葉は、言葉としては死語になったかの感があるくらいに、男女の差別をなくす風潮が確立されてきている。**男尊女卑を話題にするだけで、時代錯誤であるとして、一笑に付される雰囲気さ**

えある。しかし、そのような現象は表向きのことであって、男性のみならず女性をも含めた人々の頭の中には、社会的には女性を軽視する考え方が脈々と息づいている。

長い歴史のある男性中心の社会について、構造改革を成し遂げるのは、一朝一夕には困難なのである。独立した個性が一緒になった夫婦であっても、いったん社会という人間集団の場に出ると、一方は「主人」となり他方は「家内」となる。社会に対するときは、主と従という関係を示す結果になっているのである。

女性の社会、政治、法律上の権利拡張を主張するフェミニズムの運動が行われるようになってから久しい。法律上の男女同権は確立されたものの、人々の意識の中では依然として女性に対する差別の考え方が残っている。女権拡張論者を意味するフェミニストという英語が、女性に甘い男性という意味に日本では使われることも、逆にそのような人々の考え方を示している証左かもしれない。

「女子供」といって社会的な弱者を一つにくくった表現をすることも珍しくない。これも、大人の男性が社会的に優位な立場にあることを示す、もう一つの例である。

レディーファーストを実践すると品格が備わってくる

ビジネスの世界で男性に伍して活躍している女性の知人がいる。彼女はタイトルに「男」という単語がついている書籍を見たら、片っ端から買って読むのだという。男性の考え方や行動様式を知って、そこから学んだり、それに対抗したりするためである。欧米のビジネスの第一線での輝かしい経歴を持ち、恵まれた環境にも置かれている彼女の場合でも、女性への差別という「ハンディキャップ」を克服するために、普段から人一倍の努力をしているのである。それを横目で眺めていたのでは、そのような女性から尊敬の念を勝ち得ることはできない。

特に男性の場合は、女性に相対するときや女性を話題にするとき、差別をした振る舞いや発言にならないようにと、特別の配慮をする必要がある。相手が大人の男性であっても同じように接したり話したりするかどうかを、そのつど考えてからする習慣をつける。現在はまだ男性優位の社会である点を銘記する。漫然とした言動をしたのでは、男尊女卑のニュアンスが出てくるのは間違いない、というくらいの意識を持ち続けて対処しなくてはならない。

現在は未だに男女平等の世界へ向かっての過渡期である。したがって、男性であってもフェミニズムの旗手になったくらいのつもりで行動しなくては、いつまで経っても前進できない。長い過渡期になってしまうだけだ。過渡期は安定していない時期であるから、居心地が悪い。早く新しい安定期を実現したほうが、お互いに楽なはずである。

人に対するとき、相手も自分と寸分も違うところのない、同じ人間であると考えて接していけば、相手も自分を尊厳のある人として認めてくれる。男性と女性とは単に生理的な違いがあるだけである。そこから派生してくる、避け難い違いを除いては、男性と女性はまったく同等である。たとえ、恋人同士になったときでも、その点を常に念頭に置いておかなくてはならない。

西洋流のレディーファーストは単なるマナーである。しかしながら、女性を優先して大切に遇するという精神に基づいている。意識下にある男尊女卑の考え方を打ち破っていくためには、一つの効果的な方法にもなりうる。マナーはカタチである。女性を尊重するというカタチを実行していくうちに、自然にその考え方が身についてくる。カタチにココロが入っていくのである。名実ともに人と対等に接する人になっていく。そうなると、揺るぎのない品格が備わってきているはずだ。

人前で化粧をする

――してみせる人、おおっぴらに観察する人

電車や地下鉄など公共の交通機関の中で、若い女性が化粧をするのが頻繁に見られるようになった。品がよくないというので、人々の顰蹙《ひんしゅく》を買っている。もちろん、男性の中には、その化粧をしていく過程と器用さを興味本位に見て楽しんでいる人がいることも、事実であろう。ちょっとした「のぞき」趣味は誰にでもある。舞台裏を見たいという好奇心である。

だが、公共の場でとなると、してみせるのもよくないし、おおっぴらに観察するのも品に欠ける。そのようなことをしたり、それを認めたりする人がいる社会は、品が悪い社会であると決めつけざるをえないだろう。

人間には常にある程度の慎みが必要だ。人に対して直接には物理的な迷惑を掛けないからといって、好き勝手なことをするのはよくない。心理的に迷惑を掛けることのないようにする配慮も必要だ。**人に不快な思いをさせないようにと考えて、自分の言**

動を律していく。それが品のよい振る舞いをすることにつながっていく。

人間としてしなくてはならないこと、せざるをえないことなどであっても、人前してはいけないことがある。その点をよくわきまえて行動するのが、品のある人になる条件の一つだ。化粧とは、さまざまな材料や道具を使って、顔が美しく引き立つようにすることである。人に美しく見せるのが目的であるので、その過程を見せたのでは、その目的の効果が損なわれる可能性がある。

手品と同じである。手品は人の目をくらまして、人がびっくりすることや不思議に思うことなどをして見せる。その経緯を説明して種明かしをしてもらえば、見ている側としては、確かに納得はできる。しかし、面白みは半減する。どうなっているのだろう、と不思議がっているほうが楽しい。種明かしは人の好奇心に終止符を打ち、その限りにおいて、人々の心の積極的な働きを止めてしまう。

化粧によって自分をより魅力的に見せようとするのであれば、種明かしをしてしまったら、まさに身も蓋《ふた》もなくなる。せっかくの風情が失われてしまう。出来上がった完成品を見せるのが、見せる側としても格好がよいし、見る側としても楽しい。

役者が顔をつくっていくときは、プロが役になっていく過程の一部でもあるので、それを見るのは興味深い。舞台裏を見せることによって観客の注目を集める結果にもなる。興行の観点からもメリットがある。だが、一般の人の場合は、「化ける」過程をさらけ出して見せるのは、悪趣味というほかない。特に公共の場で遭遇する、不特定多数の見知らぬ人たちとしては、最もきれいになったところだけを見たいはずだ。

人の前から姿を消す術を講じる

公共の乗り物の中で化粧をする女性を非難している女性の中にも、自分自身は同じようなことをしている人が少なくない。レストランなどで食事をした後で、化粧を直すようなときである。コンパクトを取り出して、ちょっと直すだけであるので、親しい者同士であったら差し支えない、と考えているのかもしれない。しかしながら、個室でもない限りはレストランも立派な公共の場である。人前であることには変わりない。

ほかの客としては、化粧を直していると思ったら、目を逸らさなくてはならない。それは特別な神経を使うということだ。本人は人にわからないようにしているつもりかもしれない。だが、こっそりという気配は一種異様な雰囲気なので、逆に動物的感覚が察知してしまう。そこで瞬間的にちらっと見ることになる。

見てはいけないところを見たと思うので、慌てて視線をほかのもののほうへ向けなくてはならない。見てはいけないと人が思うことを人前でして見せるのは、下品の極みである。それと同時に、見てはいけないものを見るのも、それ自体が恥ずかしいことであるという意識がある。見せる側だけではなく見る側も下品のカテゴリーに入れられてしまう。人を困惑させる結果になる。

化粧を直すという簡単な作業でも、人前を避ける配慮が必要だ。レストランには、そのために「化粧室」が備えられている。面倒でも、小声で「失礼」といって席を立って、いってくればよい。**ちょっとしたことを面倒くさがって、簡便にしたのでは、それまでの品のよさが一瞬にして台無しになってしまう。**

人前では人目を避けることは不可能である点を銘記しておく。そのつど、人の前から自分の姿を完全に隠す術《すべ》を講じるのが先決問題である。

優柔不断

——現在の境遇に安住している人

私は晩婚であった。四十年以上前に四十五歳で結婚した。当時は、その年齢になるまで独身でいるというのは、心身のどこかに欠陥があるのではないか、などといわれていた時代だ。しかし、独立して次々と新しい仕事をするのに忙しかった。また、女性とつきあう機会は多かったが、長い期間にわたって一緒に生活できると思える女性に、それまでは巡り合うことがなかっただけだ。

最近は晩婚の例もまったく珍しくない。というよりも、男女ともに結婚をしようとする意志がない人も大勢いる。人生のあらゆる場面において、面倒なことを避ける傾向が見られ、未婚ないしは「無婚」が多いのも、その一環であるのかもしれない。

結婚というのは、男と女が対等の立場に立ち、長い年月にわたって一緒に暮らしていくことである。自分勝手な振る舞いをしたのでは、すぐに立ち行かなくなってしまう。**お互いに譲り合っていかなくてはならない場面が、あちこちで生じてくる。**そのうえで、お互いに対して全面的に責任を取らなくてはならない。

したがって、お互いに十分頼ることができ、心から信頼できる関係が確立されていないと、困難な状況を招来したり失敗したりする危険性が高い。企業などの組織を経営したり運営したりするよりも、ずっと難しいことであるといってよい。

そのような責任感と信頼感が揺るぎなく確立されている基礎のうえに立って、男性と女性がぶつかり合い磨きを掛けていくのが、結婚生活である。したがって、結婚二十五周年の銀婚式や五十周年の金婚式を迎えたら、偉業を成し遂げた証拠である。大いに自信を持ってよい。

仲を発展させるには「独断専行」も必要

恋愛感情が絡《から》んだ男性と女性とのつきあいの場では、結婚を目指すかどうかは別として、夫婦としての心構えにも似たものが根底になくてはならない。すなわち、自主的に責任感と信頼感を醸成したうえで、その信念に基づいて振る舞っていかなくてはならない。その点が欠如していたら、相手は物足りなく思ったり煩《わずら》わしく思ったりする。

デートで食事をするときを考えてみる。一般的には男性が主導権を握って、進行を図っていく。男性がどの料理にしようかと聞くのに対して、女性がどんな料理でもよいとか、男性に任せるとかいうのもよいが、常にそのような応答になると問題だ。「糠《ぬか》に釘」という状態で、まったく手応えがないと、拍子抜けしてしまう。

デートは「交流」である。一方の働き掛けに対して他方が同じような力で働き返していく必要がある。反作用の原理が実現されていなくてはならない。**相手の問い掛けに対しては、きちんとした決断をして応えるのである。**相手のことを考えたり相手に譲ったりするのと、自己主張をするのとは矛盾しない。

ぐずぐずして決断をしないでいたり、自分の意見を述べないでいたりすれば、相手は取りつく島もないという感じを受ける。コミュニケーションが活発にならないと、お互いに情報交換ができない。すると、相互理解への道は開けてこない。

また、食事をする店を選ぶときに、男性が常に女性に聞いたり女性の了承を得たりしようとするのも問題だ。指導力が完全に欠如しているからである。相手の、その時点における心身の状態を推測し判断をして、「独断専行」をすることも必要だ。万一、自分の判断が結果的によくなかったら、後で謝ればよい。試みるには勇気を持って当たらなくてはならない。失敗を恐れて何も試みなかったら、成功することはない。仕事の場における考え方と同じだ。

優柔不断の中からは何も生まれない。それ以上の仲に発展していくことは期待できない。もしかすると、と思った「縁」も結実することはない。何をどこで食べるかなどという、長い人生から見ると末梢的なことに関しては、お互いにリーダーシップを発揮してみる必要もある。そうしないと、人格や性格の特徴もまったく見えてこない。

男性であれ女性であれ、優柔不断は現在の境遇に安住をしている証左でもある。完全に親掛かりになっていたり親離れをしていないこともある。自主独立の精神が備わっていないのである。それでは、人間としての尊厳もなければ品格も感じられない。

決断力に欠けていたり優柔不断であったりする、と人にいわれたり自分で思ったりすることがあったら、自分が独立していない証拠だと思ってよい。現在、自分が寄り掛かっているものを探し出し、そこから抜け出してみる。すると、徐々に人品が備わってくるはずだ。

足下の乱れ
――人を幻滅させる人

目一杯のおしゃれをした女性たちが高級レストランで食事をしている。ワイングラスを持つ手も軽やかで、にこやかに会話を交わしている。和やかな時間の流れが感じられ、品のよい雰囲気である。ところが、デザートを選ぶころになると、多少騒がしくなってくる。酒の酔いも手伝って、「宴たけなわ」という様相を呈してくる。デザートの選択に関して、女性は非常に強い関心を抱いているようだ。オードブルやメインの料理を選ぶときよりも、熱心になり集中力を発揮する。女性の執念の強さを感じさせられるときである。一般的には優柔不断でおとなしい傾向のある女性でも、デザートの選択をするときは、決断力があってはっきりものをいう女性に変身するかのようだ。

楽しさが一段と盛り上がってきた様子に、その女性グループのほうに目を向けてみる。すると、目の端に違和感を感じさせる光景が映った。靴を脱いだ足が靴の上で不安定なかたちになっている。それまでの雰囲気や格好を一瞬にしてぶち壊すような場面である。身なりやマナーなどが整っていただけに、それらはすべて単に表向きのことであったのかと疑わせる結果になっている。

見ている側としても、せっかく気分がよかったのに、裏切られたようで幻滅を感じる。高いヒールの靴をはいていれば、足が痛くなるのは理解できる。しかし、人前で飾り立てて格好よく振る舞おうとするのであれば、徹底的にする必要がある。**ちょっとした手抜かりが、それまでの努力すべてを無にしてしまう。**いや、それよりも悪く、マイナスのイメージを強く押し出してしまう結果になる。

格好よく振る舞うなら徹底的に

人前にいる限り、すなわち表舞台ではあくまでも格好よく、という演技を続ける必要がある。家に帰ってからであれば、勝手気ままに足を投げ出して休んでよい。そのような行儀の悪さについては、たとえ伝え聞いたにしても、逆に好意的に受け取る。人前で無理をして行儀よくしていたという真面目さや実直さに、愛敬のよさと人間味を感じるからである。

とにかく、中途半端に行儀よくとか品よくとかするのが、いちばんよくない。けじめをつける場では終始一貫した言動をするのが、品のよい身の処し方である。立ち居振る舞いの作法は、元々「社会」に対するもの。すなわち人前を意識したものである。厳格にするのは人前だけでよい、ということもできる。

ただ、日頃から独りでいるときでも無作法にしていたら、人前に出たときに、つい行儀の悪さが暴露されてしまう。それでは、評判を落とす羽目になる。自分を切磋琢磨するために、日々の生活の中で、人前でなくても行儀よくする心掛けでいたほうがよい、という点に関しては異論もないはずだ。

人を意識して着飾ったときは、見えるところだけでなく見えないところにも気を使う必要がある。人には見えないだろうと思っていても、何かの拍子に表に出るかもしれない。足下《あしもと》など一見して人目につかないところが重要な所以だ。スーツがよれよれになったら買い換えても、くたびれた靴はそのままはき続ける人がいる。本人は、誰にもわからないだろうと考えても、ほかの人は気がつくものだ。「頭隠して尻隠さず」の状態になっているので、様にならないことはこのうえない。

頭の天辺《てっぺん》から足の爪先まできれいにしておいたうえで、下着も清潔なものを身につ

ける。そうしていれば、後ろめたさはまったくない。それが心身から溢れ出てくる自信へとつながっていくのである。立ち居振る舞いもきちんとしたものになっていく。

表から飾り立てていくから、中身がおろそかになるのである。心から、内なるものから磨き上げていけば、一つずつ積み上げていくことになる。したがって、手抜かりの生じる危険性は非常に少なくなる。抜けているところがあったら、そのうえに積み上げることはできないからである。

表だけを飾るのは「砂上の楼閣《ろうかく》」にも等しい。一時的にはかたちになるかもしれないが、風が吹いたり水がかかったりするだけで、たちまちのうちに崩れてしまう。

淑女が人前で靴をちょっとであれ脱いでみせるのは、たとえ少しの間であれ、はしたなさを露呈したことになる。足は人間として社会に向かっていくときの土台になるものだ。その土台に締まりがなかったら、本体がきちんとするはずがない。まず、足下をきちんと固めていくことだ。それは淑女だけでなく紳士についても同じようにいえる。

足下の乱れは、ちょっとしたものでも、その人の全体像を不安定にする。禅語に「看脚下《かんきやつか》」というのがある。足下に人の道に関する極意が秘められている。

駄じゃれ

――周囲の思いに気づかない人

社会人になって二、三年経ったころ、ニューヨークで働くことになった。たまたま、大学時代の親友も外交官となって赴任してきていたので、一緒に住もうという話がすぐにまとまった。そのほうが、同じ出費でより大きなアパートを借りることができたからだ。

広い居間に機能的な台所や浴室は、快適な生活を提供してくれた。それぞれの寝室も広いので、プライバシーも十分に守られていた。夜や週末は一緒に過ごすことが多く、お互いに情報を交換しながら、アメリカの文化を吸収しようと努力していた。

いつのころからか、二人の間で駄じゃれをいうのがはやり始めた。日本語だけでなく英語やスペイン語で、頭をフル回転させて駄じゃれをいって競うのである。一方がいうと、それに関連づけて他方がいう。その遊びは時どき際限なく続くので、二人とも疲れ果ててしまうことも頻繁だった。本人同士は少しでも語呂が合っていたり、もじりになっていたりすれば、得意になっている。自画自賛するのに対して相手は笑ってはみせるものの、さらに面白いことをいおうとして知恵を絞るのである。外国語に関しては勉強になるので大いに役立った。大いに楽しんでいた。

ところが、ある日、共通の友人が日本からやってきて、短時日ではあったが逗留《とうりゅう》することとなった。私たちが相変わらず駄じゃれをいい合っていたのを聞いて、初めは調子を合わせて笑ってくれていた。だが、度重なってくると、苦笑へと変わっていった。最後には「下らない」といって一笑に付すようになった。高尚とは程遠い遊びである、といってこき下ろした。

何か面白いことを、とにかく何でもよいからいおうとするあまり、内容がどんどん悪くなっていった。大量生産をする結果になっているので、当然のことながら、質は低下していく。本人同士は言葉のゲームに一所懸命熱中する結果になっていたので、そのことに気づかなかったのだ。

酔っ払い同士が下らないことをいい合って騒いでいるのと同じである。本人たちは面白いと思っていても、周囲にいる、しらふの人から見れば、取るに足りないことを話題にして、単なる景気づけをしている図としか映らない。ほかの人にとっては、しらけた思いをさせられるだけの結果になっている。

無理が通れば道理引っ込む。しゃれも無理をしていおうとすれば駄じゃれになるのである。何か話しているときに、突如として降って湧いたように出てくるしゃれにこそ、珠玉の価値がある。出るべくして出てきた、知恵の結晶だからだ。

笑わせて人気者になろうとしない

話をしているときは、人を面白がらせたり笑わせたりしようとする傾向がある。そうすれば人の興味を惹き、自分の話に耳を傾けてもらうことができるからだ。特に講演など、大勢の人を前にして話をするときは、何か面白いことをいうのが、話術の一つであるようにいわれている。しかし、これは、結果的にという意味であると考えたほうがよいようだ。

私の経験に従っても、聴衆が笑うことを期待していったことが、笑いを誘ったことは非常に少ない。その点に話を持っていこうとする「作為」が人々の反発を買うのではないだろうか。**話の流れの中で自然に出た言葉や内容のほうが、思い掛けなく笑いを引き出す結果になる。**人々が抵抗を感じないで受け入れるので、それが人の心を打ち、反射的に笑いが出てくるのかもしれない。

欧米人は、笑い話の種を仕入れておいて、社交の場で披露してみせたりすることがある。わざわざ仕入れてくるだけあって面白い話になっているので、格好の座興にはなる。しかし、昔からの話であれば、知っている人も多い。まさに「新しいネタ」でないと、話にもならないので、注意を要する。

しゃれは独創性と新鮮みが売り物だ。いくらタイミングよくいったとしても、二番煎《せん》じは人に軽蔑される危険性が高い。特に、政界や財界のトップの座にいる人の場合、人がいった駄じゃれを公の場で繰り返したりしたのでは、間違いなく品を落とす。有名人の場合は、しゃれたことをいおうとしないほうが安全だ。

その発言に皆が注目しているのであるから、自分自身が考えたことでも、ほかの人が似たようなことをいっていたら、真似をしたと思われる結果になる。淡々と、意見と心情を述べるのに徹するべきである。異性に対する場合、駄じゃれはいわないに越したことはない。特に性に関することについては、ふざけたことは一切いうべきではない。真面目な人間である面を押し出し、それを貫くのである。笑わせて人気者になろうとすると、軽い人間と思われるだけだ。

動物的な食べ方

――生き方・考え方が見えてしまう人

知り合いになった人と、さらに深くつきあいたいとか、もっと親しくなりたいとか思ったときは、一緒に食事をすることを提案するのが常道である。そのような誘い掛けに対して、相手が即座に応じたときは、相手も自分に対して好感を抱いていると考えて、ほぼ間違いない。

ビジネスの場では、人間同士としてつきあいたいとは思っていなくても、仕事上の利用価値があるときは仕方なく、食事を一緒にしたりすることもある。しかしながら、友だちとしてつきあおうとするときは、お互いに好ましいと思っていなかったら、食事の機会が生じることはない。特に異性間においてはそうである。

食事を一緒にするというのは、象徴的には一緒に生きていくということでもある。たとえ一時的にではあっても、共同生活をすることになる。大人のママゴトと位置づけることができるかもしれない。したがって、若い男女がお互いに相手を将来の伴侶《はんりょ》とする可能性がある人と、たとえ意識下であったとしても感じているときは、家庭ごっこの一つになっているといってもよいだろう。

誇張した表現をすれば、カップルとしての生活に対する予行演習の第一歩ということもできる。食事をするところを見ていれば、その人の、これまでの生活体験や生き方を垣間見るのと同じ結果になる。立ち居振る舞いを見るので、そのマナーなどを通して日々の生き方や考え方までもわかる。多少は廃《すた》れ気味であるものの、見合いは、一緒に食事をするものと決まっている。さらに、本人同士だけではなく、お互いの両親なども一緒に加われば、家庭における教育方針や生活態度などのすべてが浮き彫りになってくる。

結婚などという重要度の高いことに関しても試行錯誤を旨とする、最近の考え方の傾向にとっては、見合いなどというシステムは時代錯誤的であるとして敬遠されているようである。だが、慎重を期そうと思うのであれば、極めて有用な方式であって、だからこそ、利用してみて損をすることはない。

相手の美点をよく知れば、それは魅力を増すことになる。欠点があれば、それを補っていこうとする決意をあらかじめすることによって、前向きの姿勢を固めておくこともできる。

洗練されたマナーは「しとやかに」から

いずれにしても、食事のときのマナーを見れば、人となりや生活習慣の概略はわかる。ナイフやフォークの使い方には、多くの日本人も慣れてきているはずだ。ちょっと本を見たり人に教わったりすれば、正しい使い方はできるようになる。その点に無関心であれば、社交性に欠けている人である。ただ食べればよいのではないかと考えている、動物的な人と決めつけられても仕方がないであろう。

ナイフやフォークは扱い方がきちんとしているだけでは、十分とはいえない。金属製であるので、乱暴に扱うと音が出やすい。できるだけ音を立てないようにして使ったり置いたりする配慮から、品が醸し出されてくる。また、手がマナーどおりの扱い方をしていても、姿勢が悪かったら台無しだ。下品な格好になってしまう。

日本で古くから使っている箸《はし》については、下手な使い方、したがってスマートさに欠ける使い方をしている人が、意外に多い。これも正しいマナーを身につけておくべきだ。特に箸置きが用意してあるときに、食べ始めると利用しなくなる人が多いのは気になる。茶碗や椀、それに皿についても、原則的には、最初に置かれた場所が定位置である。むやみやたらに変えないのが、見ていてもきれいだ。

酒を飲むときの盃《さかずき》の位置についても同じである。酔うにつれて盃を置く場所が変わってくるのは、性格的にも乱雑な印象を与えて、品位を落とす結果になる。洋食の場合も同じであるが、グラス類は右側に置かれているのがルールだ。その点を覚えておいて、飲んだ後でテーブルの上に置くときも、元の位置に置くことを習慣づけておく。そうすれば、人のグラスを手にするような失態を演ずることにはならない。

もちろん、食べ物を口の中に入れて噛んだりするときに、大きな音を立てるのは論外である。食べるというのは元々動物的な行為であるだけに、本能に任せた食べ方をしてはいけない。たとえ男性の場合でも、「しとやかに」を心掛けるべきだ。

洗練されたマナーは、食事の場を快適なものにする。**気取った風情が見えるときは、マナーがまだ身についていない証拠である。**常日頃から心して訓練しておけば、自然に身体も手足もルールどおりに動くようになる。習い性となったマナーはスムーズであり、したがって品が備わったものになっている。

自分勝手な料理の注文

——バランスを崩して平気な人

仕事上で世話になった女性に対して、謝意を表明するために、イタリア料理のレストランで一席設けた。妻以外の女性と夕食を一緒にするときは、一対一にならないようにするのが、私の基本的な姿勢である。「遠くて近きは男女の仲」である。どのような事態が起こるかもしれないし、運命のいたずらに弄《もてあそ》ばれる可能性もゼロとはいいきれない。

それに、「李下《りか》に冠を正さず」である。**客観的に見れば疑われる可能性のあることは、しないに越したことはない。**そこで、相手の女性に対して、誰か同僚ないしは友人を一緒に連れてきてください、というのが常になっている。

もちろん、新しい人を紹介してもらう結果になるので、それによって交際の輪が広がっていくことを、半無意識のうちに期待している点も否定はできない。何となく一挙両得を狙っているのである。しかし、喜んで連れてこられる人があれば、その人にとっても悪いことではないだろうと考え、自分のやり方を正当化している。

そのときの女性は同僚の女性を伴ってきた。二人とも若々しいながらも、その分野の第一線で働いてベテランの域に達しようとしている人たちだ。溌剌《はつらつ》とした言動からは、自信を持って仕事に取り組んでいる様子がうかがわれる。楽しい食事になりそうな予感がして、私の気分も高揚気味になっていた。

そのレストランは私の行きつけの店だ。支配人がサービスの飲み物を供してくれる。それから、おもむろに当日の特製の料理を説明してくれる。オードブル、パスタ二種類、メインは魚か肉の料理を、支配人のすすめに従って各自が選んでいくのが、私の方式になっている。

この店ではメニューを見て注文することはない。接待される相手としては、メニューを見て想像力を働かせながら選んでいく楽しみを奪われた結果となって、物足りない思いをするかもしれない。しかし、私としては支配人に全面的な信頼を置いていて、味や組み合わせにおいても裏切られたことはない。

それに、そのような注文の仕方をすると、食べ過ぎになるという格好の悪い結果にはならない。一緒に食事をする人が選ぶ料理の数が同じになるし、料理の出てくるタイミングにも狂いがない。一人が食べ終わっているのに相手はまだ食べ続けているという状況は、多少とはいえ「団欒《だんらん》」の雰囲気に水を差すことになる。

自分だけがしゃべるのに一所懸命になって食べ終わるのが遅くなってもいけないが、独りで食べるのに専念して、またたく間に自分の皿だけが空になるというのもいけない。皆が同時に食べ始めて同時に食べ終わるのが理想的である。そうなると、皆の心が一つになった証拠であり、会食は大成功であったといってよい。

ホスト役のコントロールを奪ってはいけない

さて、件《くだん》の食事の席の話である。サービスに出された上質のスパークリングワインの効果もあって、すぐに和気藹々《わきあいあい》の雰囲気になった。特に、初対面の女性の調子がよくなり、支配人の料理の説明については半分も聞かないうちに、自分勝手に「あの材料はあるか、この料理はできるか」などと聞き始めた。いずれも珍味や特別な料理の類《たぐい》である。

レストラン側はすべて用意のできるものばかりだ。彼女は得意になって次々と注文をしていった。知識をひけらかしている気配であった。残った私たち二人は、支配人のすすめに従って選んでいったのであるが、そのことについても、意に介する様子は少しも見られなかった。

私自身は内心しらけた思いになった。ホスト役のコントロールが利かない状態になったからである。彼女の料理の数が多くなり、さらに質的にもちぐはぐになってしまい、私たちの数や量とのバランスが崩れた。頭の中に描いていて注文しようと思ったワインについても、考え方を変えなくてはならなくなった。もちろん、私が最初に想定していた予算も大幅に狂ってしまった。

私くらいの年配の男性が食事に女性を誘うときは、その理由が何であれ、ある程度は「甘えられる」ことは覚悟しているし、またそれを望む気持ちも潜んではいる。だが、度が過ぎると、つけ込んで利用されたような格好になって後味が悪い。英語の表現に「シュガーダディ」というのがある。若い女性に金を注《つ》ぎ込んで相手をしてもらう、甘いパパ的な男のことだ。そのような状態になると、逆にみっともなくなる。

特に初対面で過度に甘えたりつけ込んだりするのは、品を落とす行動様式である。お里が知れる、といわれても仕方がないであろう。たとえ鼻の下が長い男でも、その次からは敬遠することになるはずだ。

5章

「年相応」を考える

×見下ろす、若づくり、無遠慮……

人をジロジロ見る
——無遠慮さで周囲を不快にさせる人

電車など公共の乗り物の中で、若い女性をジロジロと眺めている人がいる。特に傍若無人な態度で見続けているのは、中年の男性に多い。恥ずかしそうに見るという風情もないのが、その図々しさを一層際立たせている。周囲にいるほかの乗客たちも、その無遠慮な視線が気になり、不愉快な思いをすることになっている。

もちろん、誰もが振り向くような美人や色気の感じられる魅力的な女性を見れば、一度だけではなく二度、三度と視線を注ぎたくなるのは、男性の自然な性向である。一瞥《いちべつ》しただけで、後はまったく無視するというのは、その女性に対しては失礼である、という意見さえある。

イタリアの男性は、街で女性を見掛けたら、魅力的であれば当然だが、そうでなくても声を掛けたり言い寄ったりする、といわれている。それは女性を女性として遇するエチケットであるという。イタリアの男性全員が、そのように振る舞うのではないがイタリア人らしく人生を楽しく生きていこうとする話ではある。

そのような行為は、あまりにも唐突で人を混乱させるが、そのストレートに言葉を掛けて近づいていく明るさには救いがある。それに反して、自分の意思表示は何もしないで、自分勝手に視線だけを相手に浴びせ続けるのは、無気味だ。その陰湿な執拗さが、相手の気分を害するのである。

夜のバーやクラブに行ってホステスを見るのとは事情が異なる。客の相手をするのが仕事である女性は、色気も売り物の一つであり、女性らしい魅力を見せようとしている。せっかく飾り立てた装いに対して、それほど関心もないようで何の反応も示さなかったのでは、ホステスとしても張り合いがない。

だが、**公共の乗り物の中にいるのは全員が乗客であって、同等な立場に立っている。礼儀をわきまえた紳士淑女として行動することが期待されている。**人に迷惑を掛けたり人が不快に思ったりする言動は、厳に慎まなくてはならない。特に、中高年といわれるくらいの、大の大人の場合は、それなりに品位を保った行動に徹する必要がある。

若い女性を同世代の男性が見るのは、多少しつこく見ていたとしても、それほどには気にならない。お互いの意思が一致すれば、もしかすると友だち同士になる可能性が感じられるからかもしれない。若い者同士という相互関係が推測されるので、違和感がないのであろう。中高年男性は若い女性に相手にもされないというのが明らかであって、それにもかかわらず強引に一方的に振る舞っているので、いやらしさが増幅されるのだ。

自分の欲をストレートに出さない

ただ、場合によっては、女性側にも責任の一端がある。超という形容をせざるをえないミニスカートや胸や背中の部分を大きく露出するような洋服は、男性に限らず人の目を惹く。実際に、人目を惹くために露出度を大にしているのは間違いない。挑発的にしているのであれば、普通の人が強い刺激を受け、それに対して好奇心を満たそうとする振る舞いに出るのも当然である。

やはり、公共の場では、あまりにも性的に目立つような身なりは控えるべきだ。女性としての特徴は強調するとしても、男性の欲情を直接的にそそるような「姿態」を見せるべきではない。「健康的」という視点を忘れないで個性を打ち出す服装を心掛けなくてはならない。いずれにしても、相手や自分が男性であるか女性であるかには関係なく、また老若にも関係なく、人を興味本位にジロジロ見るのはエチケットに反する。普通の格好をしているにもかかわらず、そのような見方をされたら、顔に何かついているのではないか、衣服のどこかが破れているのだろうか、などと考える。

もし実際にそうであったら、できるだけほかの人に知られないようにして、その事実を本人に教えてあげなくてはならない。**人を自分の欲や興味の対象として見るのではなく、その人の身になって考えるのである。**

人と人とが真摯に相対しようとするときは、お互いに目と目を合わせるのが大原則である。一方のみが一方的に相手を盗み見したり嘗《な》め回すように見たりするのは、相手の人格を無視している証拠である。人の品定めをするような態度を示してはいけない。いくら相手が目下であっても許されることではない。

興味を惹かれた人を見掛けても、一瞥したら後は自制して見ないことだ。紳士は自分の欲をそのままストレートには出さない。自分の振る舞いについて、「はしたない」ことではないかどうかを必ず考える余裕がある。

規律なき団体行動

――幼児性をまともに表に出してしまう人

明らかに老後を楽しもうとしている年配の人たちが、団体で街中を闊歩《かっぽ》している。ファッションの華が開いているような店舗が建ち並んでいる区域でも、カジュアルな装いをして歩き回っている。皆一様にスニーカーをはき帽子をかぶっているので、異様な光景である。自分勝手な内容の話をしながら、前を歩いている人の後をついていっている人も多い。

流行の先端をいくと自負している街の雰囲気とは、およそ似つかわしくない団体に見える。道の一部も占領するかたちになっているので、ビジネスで走り回っている人たちは迷惑そうな顔をしている。年齢的に大きな違いがあるだけで、幼稚園や小学校の遠足にも似ている。だが、遠足のほうが先生のいうことを守って動いているので、多少は整然としたところがある。

人の迷惑にならないようにして生きてきた年配の人たちであるが、同じ仲間たちと一緒に行動した途端、行儀が悪くなっている。だが、このような傾向は、高齢者に限らず、分別盛りの人たちにも見られる。皆が一緒になって同じように行動するので、軽い群集心理に陥るのである。**自分を大勢の同じような人たちの中に埋没させるかたちになるので、自分の言動に対する責任感が薄れてしまう。**

それは同時に、大勢の力を頼んで、多少の無理は通してみようとする姿勢にもなる。俗にいわれている「赤信号も皆で渡れば怖くない」という心理と同じである。数人以上が一緒になって旅行をしたり飲食をしたりするときは、普段は謹厳実直な行動様式の人たちが、突如として喧騒に満ちた雰囲気をつくり出す。たわいのないことをいって騒ぎ立てるのである。

酒の酔いが回ってくると、その度合いは一段と増す。大声でふざけ合っている。下らない話題について無責任な考え方を述べて、大笑いをしている。周囲にいる人にとっては、面白くも何ともないことについて笑っているので、どのように考えても分別のある大人には見えない。

人生にとって笑いは重要である。昔から「笑う門には福来る」といわれている。笑いはストレスを解きほぐしてくれると同時に、人生に対する姿勢を積極的なものにしていく効果がある。将来に望みを抱かせる結果になる。しかしながら、人前でバカ笑いをしたのでは、その幼児性がまともに表面化するので、人々の信頼感を裏切る結果になる。

「自分の子供に見られている」と思えば振る舞いも変わる

やはり、若者たちの前では、多少は格好をつけた言動を心掛けるべきである。人生の先輩として、毅然たる態度を取る。範《はん》を示すのである。もちろん、気取るのは行き過ぎだ。体面だけを考えて、わざと重々しく振る舞ったのでは、逆効果である。その中身のなさ、ないしは浅薄さはすぐに見破られてしまい、軽蔑されるだけだ。

自分自身を素直にさらけ出してみせる。長所を強調して、短所については恥ずかしそうにすればよい。そのような基本的な姿勢さえ堅持していれば、若い人たちには慕われる先輩としての地位を確保し続けることができる。たとえ、社会的には人に賞賛されるような業績もなく、人が羨むようなライフスタイルを確立していなくても、立派な人生の先駆者として、一目置かれる存在になる。

若い人たちよりも長い年月にわたって、生きてきている。人にさしたる迷惑を掛けないで、つつがなく生きてきたという事実だけに対しても、自信を持ってよい。威張る必要はないが、胸を張って誇りに思ってよい実績である。人間は真面目に生きてきていれば、年とともに経験を積み、そこから人間味が身についてくる。きれいな年輪を重ねてきているのだ。

自分勝手なことばかりして人に迷惑を掛けたり、年甲斐もなく幼稚な言動をしたりしていれば、その乱れは年輪にも表れてくる。たまには羽目を外してバカ騒ぎをしてもよいが、やはり時と場合を考えてからにする。旅の恥はかき捨て、という軽い気持ちがあってはならない。見知らぬ人ばかりだからといって、軽はずみな言動をするのは、不名誉なことであると考える。

確かに、人生という旅では、知っている人より知らない人のほうが多い。だからといって、軽率なことも許されるということにはならない。常に自分自身の子供がそばにいて見ていると思っていれば、人に笑われたり嫌がられたりする言動をすることはなくなる。幼児的な考え方に基づいて振る舞うので、若者からオヤジとかオバサンとか呼ばれるのである。それは、身体は大人であっても頭の中は子供である証拠だ。「半大人」としか見られていない。

見下した言葉遣い
――無造作に話してしまう人

相手が自分より年下であると思ったら、ぞんざいな口の利き方をする人は多い。上司と部下とか先輩と後輩とか、お互いに上下関係が明確にわかっている場合は、言葉遣いにも決まったパターンがある。上から下へは多少は乱暴な言い方になり、下から上へは丁寧な言葉を使う。

上から下への話し掛けが丁寧過ぎたら、逆にその人間関係がしっくりいっていない証拠でもある。目上の人が目下の人を重用したりかわいがったりしているときは、無造作な話し方をする傾向がある。お互いに気心が知れている間柄になっているので、会話を修飾したりする必要はない。言葉が少なくても、間違いなく意思の疎通ができるからである。

しかしながら、**知らない者同士のときは、相手が目上であれ目下であれ、話し方に違いがあってはならない。**お互いに平等な人間同士として、礼に則《のっと》った話し方をしなくてはならない。それが自分自身の品をよくする振る舞いの基本でもある。

たとえば人に何かをしてもらって感謝しようとするとき、相手がかなり年下の若者であったら、つい軽く「ありがとう」といいそうになる。無意識のうちに相手を見下しているので、あなどり気味のいい方になるのだ。きちんと威儀を正したうえで、「ありがとうございます」と丁重に礼をいうべきである。もちろん、街角や公共の乗り物の中などでちょっとした親切な行為に触れたときに、深々とお辞儀をして丁重過ぎる言葉を使ったのでは、相手もとまどってしまう。軽くもなく重くもなく、さらりと礼儀正しい言葉遣いをして丁寧な姿勢を示せばよいのである。

さらに、相手が若いからと思って目下に対する態度を取ったとしても、実際には社会的地位においては目上であるかもしれない。自分や家族が足を向けて寝ることはできない、大恩のある人ないしはその家族の一人であるかもしれない。また、身分のある人が身なりを変えて、お忍びで街中を歩いているのかもしれない。そのように考えてみれば、どんな人に対しても丁重な言動に徹することになるはずだ。

そのような接し方をされた若者は、自分に自信を持ち、世の中で積極的に生きていこうとする気構えになる。世の中の先輩である年配者が礼儀正しい振る舞いをしてみせれば、若者も自然にそれを真似するようになる。頭ごなしに若者に説教を垂れても、その本人に礼を失する言動があったのでは、実効性はない。要は、不言実行である。手本を示してみせるのが、最も効果が期待できる教育方法だ。

若者を自分と同じ大人として扱う

礼儀正しい接し方に対して、小さい子供はもっと敏感に反応する。大人が立ったままで上から見下ろして話し掛けても、大人に反抗する力のない子供は、それなりの応答をする。だが、大人がしゃがみ込んで子供と同じ目線の高さになって話し掛けると、反応が積極的になる。少しずつ饒舌《じょうぜつ》になってくる。同じ仲間として認め、心を開いてくるのである。

相手が幼児の場合は、幼児言葉で話したほうがコミュニケーションをとりやすい。大人が幼児の世界に入っていこうとする姿勢を幼いなりに評価しているのかもしれない。しかし、幼児期を抜け出して「一人前の子供」になろうとする時期になると、幼児扱いをされるのを嫌がるようになる。ましてや、子供の域を脱して青少年になると一人前の人間である。少なくとも一人前の大人になろうとして懸命に努力をしている。

そのような若者たちに対して、ちょっとでも子供扱いをするような言動をしたのでは、完全に嫌われてしまう。特に、親の場合には細心の注意を払う必要がある。親は、わが子が赤ん坊から幼児になり、子供から若者になる段階を連続的に見てきている。親にとっての子供は大きくなっても依然として子供なのである。そこで、いつまでも子供扱いをするという間違いを犯してしまう。

子供としては、自分も親と同じ大人の領域に近づいてきたと思っている。しかし、親が自分を子供扱いするのは、大人の仲間入りをさせないようにしていると考えざるをえない。大人になろうとする、せっかくの努力を認めてくれないので、むくれるのである。

自分を近づけようとしないのであれば、自分のほうから親を遠ざけてやろうと考える。そこで、実際は一世代しか離れていないオヤジやオフクロを、二世代も違うジジイやババアと呼ぶことによって、親密さの結びつきを遠いものにしようとしているのかもしれない。**自分の子供であれ知らない若者であれ、自分と同じ大人として扱えば、彼らも自分を仲間として認めてくれ、一緒につきあってくれる。**人間同士として接していけば、相手も自分の人格を認めてくれるのである。

説教をしたがる
――自分の若いときの無茶を忘れている人

何気ない会話の中では、最近の世相について話すことがよくある。そのようなとき、すぐに「最近の若者たちは」と、若者たちの考え方や行動様式について話し始める人は多い。大抵は批判的な意見である。世の中のルールを無視して、自分勝手に振る舞うといって非難するのである。

もちろん、若者たちの行動には行き過ぎたことも多いが、それは経験不足のために自分の行動の結果がはっきり見えないからである。そこで、つい、無謀だと思われることもしてしまう。だが、それは若者の特権である。社会的に非常に深刻な結果がもたらされるようなことがない限りは、目くじらを立てるべきではない。**温かい目で見守る姿勢を取ったほうがよい。**

ドイツの諺に「老牛は自分も子牛だったことを忘れる」というのがある。大人は、自分も子供だったことを忘れているのだ。自分も若いときには無茶なことをしたり、社会に反抗的になったりしていたはずだ。それは、人間社会に対して自分を慣らしていくと同時に、多少は自分の「我」を通していく余地はないかと「打診」をする姿勢でもあった。そのころの自分を思い出してみれば、若者たちの無軌道ぶりも理解できる。その勇気をほほえましく思い、陰ながら応援しようという気にもなる。

また、長い人生を通じて、ずっと杓子定規《しゃくしじょうぎ》に生きていくのは、ロボットのようなもので人間味に欠ける。人間はどこかで多少は羽目を外したり横道に逸れたりするのが「正常な」生き方だ。それが若いときであれば、未熟という理由の下に許してもらえる。二度とない青春時代を多少は奔放に生きてみるべきであろう。

若いときにバカなことをしない者は、年を取ってからする。成熟した大人になって、バカなことをしたのでは、世の笑い者になる。それに、その取り返しをするのも難しくなっている。年を取った分だけ先が短くなっていて時間的な余裕がないのと、エネルギーも若いときほどにはないからである。無謀なことやバカなことは、人が「仕方がない」といって許してくれる、若いときにしておく。それには免疫的な効果も期待できる。

「だからいっただろう」は禁句

自分たちが若いころにはしなかったことを最近の若者がするかもしれない。時代は移り変わっていくのであるから、それも当然の成り行きである。その点について不審に思ったり理解ができなかったりしたら、若者たちに直接聞いてみればよい。それも詰問するような口の利き方をしたのでは、反発を買ってストレートな答えは返ってこない。

あくまでも「教えてほしい」という姿勢に徹しなくてはならない。そもそも自分が理解できないことについて聞くのは、自分の知的能力を超えているか、その範囲を逸脱しているかであるはずだ。したがって、頭を低くして教えを請うのが礼に適《かな》っている。自分の知識や経験では納得できないからといって、最初から「なぜか」と相手を責めるようないい方をするのでは、傲慢のそしりを免れることはできない。

さらに、頭ごなしに「君たちは」といって見下すようなかたちで「説教」をするのは、最悪の結果しか招来しない。まず相手と自分との間に壁をつくってしまうので、自分のほうからコミュニケーションを拒否する姿勢になっている。それだけで若者に、物わかりの悪い頑固ジジイやうるさいババアと決めつけられてしまう。

説教が効果的に行われるためには、まず相手が自分を「師」として認めることが必要である。そうでないと、いくら立派なことを説いても、聞いてはくれない。師として仰がれてもいないのに、上から下に向かったいい方をしたのでは、何も聞いてはもらえないと思っておいたほうがよい。

それよりも、同じフロアにいて、**自分なりの感想や考え方として述べ、それに対して相手の意見を聞こうとする姿勢をとってみる。**人に意見を求めるのは、その人にすぐれた見識があることを想定している。考え方を「拝聴」しようとするアプローチに対しては、誰でも好意的な反応を示すものだ。

そのような状況の下であったら、お互いに意見の交換がなされる。コミュニケーションが行われるので、説教というかたちでいったら無下《むげ》にされたはずの考え方も、考慮し理解しようとしてくれる。

若者が意見を無視して失敗したようなときでも、「だからいっただろう」という台詞は禁句だ。人の失敗に追い討ちを掛けることになり、恨まれるだけだ。その台詞をいってよいのは、意見に従って成功したときだけである。

評論家を演ずる
——内容のないことを偉そうに語る人

耳目《じもく》を引くような大事件が起こると、新聞やテレビをはじめとするメディアは、その事件を集中的に報道する。しかも、その詳細に関して、同じ内容の事実や論評などを繰り返し伝えている。特にテレビの場合は、同じ映像を何度も見せられる結果になる。ニュース番組であれば、ニュースはまだ一般には知られていない「新しい」ことを教えてくれるのが役目であるはずだ。まったく同じ内容や画面を報道するときは、二番煎じであることを断ったり、「再放送」であることを示す表示をしたりしてくれたほうが親切ではないだろうか。

もちろん、皆にニュース番組を頻繁に見る時間があるわけではない。忙しくてテレビの前に座る時間がなく、半日遅れや一日遅れのニュースを見る人も少なくない。もっとも一日単位の前の映像については、日付の表示がしてあるものもある。

いずれにしても、テレビのニュースなどというものは、時々刻々の出来事を報道することに意義があるはずだ。そうであれば、ニュースの新旧を正確に示すために、撮影したときと最初に放映したときの年月日と時間を画面に表示してくれるべきであろう。それが、視聴者の立場に立った姿勢ではないだろうか。鮮度が売り物の一つであるから、製造と「封切り」の日時を明確に示してくれたほうが、視聴者の価値判断もしやすくなる。「賞味期限」を明示するのと同じような考え方である。

さて、事件に関してのニュースの内容についてであるが、まず概要の説明があり現場からの報道がある。次に、急遽《きゅうきょ》インタビューされたり招集されたりした、その分野の専門家や識者たちの意見や見方が紹介される。そのほとんどは、大体において「なるほど」と納得させられる考え方になっている。

もちろん、芸能人など単なる有名人の意見で、的外れであったり笑止千万といわざるをえなかったりするものもある。しかし、それも一つの見方であると思えば、問題を考えるうえで参考にならないこともない。ただ、**有名人というのは、たとえ専門家ではなくても、メディアを通じて一般の人々に与える影響力は大きいので、その人たちの意見を報道するのは慎重にしなくてはならない。**

大事件に関しては、連日報道されるので、一般の人々の会話の中でも、大きな話題になる。事実について驚いたり悲しんだり、また憤慨《ふんがい》したりした後で、それぞれに感想や所見の一端を述べる。街角のあちこちにいるオジサンやオバサン全員が、いっぱしの評論家になったかのような口を利いている。

だが、その内容は新聞やテレビなどで報じられている考え方や見方に沿ったものばかりである。それをあたかも自分の意見であるかのようにしていっている。人間誰でも考えるところは同じようなものである。自分が考えているのとまったく同じ考えを人が表明する場合もあれば、人がいったことに一〇〇パーセント同調する場合もある。

市井の人としての考え方を述べるに留める

公共の報道機関で広く伝えられた意見は、そのメディアやそこで意見を述べた専門家の「卓見」である。それを「偉そうに」自分自身の考え方であるかのように人にいうのは、ちょっと大人気ない。若い人たちが、そのような行動様式と姿勢に対して幼児性を感じて、バカにするのも当然だ。

ほかの人の意見を人の意見であるとして紹介し、自分も同じように考えるというのであればよい。だが、それを自分自身の意見として示すのは、「盗作」にも等しい行為である。人がつくったものを自分のものとして使うのであるから、恥ずべき行為である。

たとえ、当初から自分も同じ考え方をしていたとしても、人がいったん先に公表したら、それはその人の考え方である。早い者勝ちで、「著作権」はその人のものになる。それを剽窃《ひょうせつ》するのは、人の権利を侵害する「犯罪者」であるといわれても仕方がない。

街中などで、話題の事件などについて会話を交わすときは、最初にニュースに接したときの自分自身の反応や感想だけに留めておいたほうがよい。評論家のような口の利き方をしたのでは、偉そうにしていると思われて、逆に軽蔑されるだけである。市井《しせい》の人、すなわち庶民の一人としての考え方だけを述べるのだ。そのような謙虚な姿勢は皆から好感を持って迎えられるはずである。

若い人たちは、大人に対して落ち着いた大人らしさを望んでいる。評論家並みに専門的な物のいい方をするのは、無理して背伸びをしている証拠である、と見破っているのだ。若い人に疎《うと》まれる行動様式を慎まないと、たとえ正しいことをいっても信用されなくなる。

若づくりをする

——気力・体力が充実していると思っている人

子供のときは早く大人になりたいと思っていた。行儀よくするようにとか、もっと勉強をするようにとか、早く寝るようにとかいわれて、自分の好きなようにできない場合が多かった。行動や時間についての制約だらけであると感じ、大人になったらそれらの束縛から逃れられると思っていたのである。

大人になると、自由の度合いは大きくなったものの、それだけ自主的に行動しなくてはならず、また責任もすべて自分自身が負わなくてはならない。しかし、若いときは一所懸命に努力する限りは、自由奔放にしても、ある程度の成果は上がる。人生に対して真摯に取り組んでいれば、それなりに満足できる生活も期待できる。

ところが、いわゆる中年期に入ってくると、自分自身について現実を意識せざるをえなくなってくる。仕事の世界における自分の将来も見えてくる。上昇していくにしても限度が予想できるのだ。企業などの組織に属していれば、管理職になっていても、上からの命令に右往左往したり下からの突き上げに抗しなくてはならない。ほかの企業との競争と企業内の競争とに明け暮れて、神経をすり減らしている。

また家庭内でも、子供が完全に巣立ちをするまでには、精神的にも金銭的にも苦労は絶えない。これからの社会では、従来よりも激しい変化が起こる傾向にあるので、子供の将来についても不安感がつきまとう。両親も年老いてくると、身体のあちこちに支障が出てくる。そのような両親の面倒もみなくてはならない。家庭でも上と下との間に立って苦慮している。したがって、中年の悩みは中間の悩みであるということができるだろう。

しかしながら、中年期にある人は、自分は最盛期にあると思って頑張っている。仕事の場も含めた人生の場について、かなりの経験を重ねているので、自分にはノウハウが備わっていると思っている。確かにそうだが、体力に関しては完全に下降傾向にあることを認識しておかないと、失敗する危険性が高い。

気力と体力がともに充実していると思っているのは本人だけだ。実際には、衰えていく体力を気力でカバーしている。気力についても、新たに湧き出てくるものではなく、それまでの気力の惰性を駆っているのである。したがって、エネルギーに満ちていると思っているのは錯覚だ。惰性は外からの力が影響しない限りにおいてのみ続いていく。急に大きな力が立ちはだかったりしたら、駄目になってしまう。

そのような不安定さをよく認識しておく必要がある。それを忘れたときに、アンバランスな言動をとることになる。その典型は、若者と同じように無理をすることである。「まだ若い者に負けない」といって若さを演出しようとするのは、「年寄りの冷や水」にも等しい。年齢相応に振る舞ったほうがよい。肉体の「衰退」に対しては、無理をしないで自然に対応していくのが、知的人間としては「成長」する道である。

「夢よもう一度」は茶番劇

もちろん、トレーニングをして心身を鍛えて体力を保とうとするのはよい。だが、身体の老化を隠そうとするのは、年を取るという自然の過程に対して、いわれのないコンプレックスを抱いていることを示している。老化を防ごうとする試みまでは許せるが、それを人為的に隠したり変えたりするのは、非常に見苦しい。よく見れば、そのからくりがわかるので「不自然」だからである。

老化を隠すための整形手術などを受けるのは、その人の精神の、このうえない弱さを露呈している。人生に対して積極的に立ち向かっていく勇気がない人であるといわれても仕方がないであろう。

一般的に、限度を超えた若づくりは、若者たちの顰蹙を買う。本来は若者たちの仲間ではないにもかかわらず、若者たちと同じような格好をしたりして、あたかも仲間であるかのように振る舞うからである。若者たちとしては、勝手に仲間入りされては困るのだ。

その図々しさと若さに対する執着には、スマートさのかけらも見ることができない。**年を取った者が若さに対して羨望の念を抱くのは当然である。しかし、自分にも若いときがあったのだから、それ以上に望むのは欲張り過ぎだ。**「夢よもう一度」と夢見るのはよいが、それを現実のものにしようとすれば、茶番劇になるだけだ。口先では「お若いですね」といわれるかもしれないが、喜んではいけない。陰では、少なくとも苦笑いをされているはずであるから。

昔語りをする

――コミュニケーションが成り立たない人

昔話の多くは「むかしむかし、あるところに」などという文句から始まる。子供が小さいころには、何度も話したり読んだりしてやったものだ。仕事で疲れ切って帰ってきたときでも、乗り物に乗っていて窓の外の景色を眺めたいと思っていたときでも、子供にせがまれたら昔話をしてやらなくてはならなかった。

だが、同じ話であっても、一所懸命になって心を込めて話せば、素晴らしい反応が返ってきた。目を輝かせて聞き入る姿には、新しいエネルギーを感じ、頼もしい思いをしたものである。次の時代を担っていく世代のひたむきさを見て、明るい前途を予感し、喜んでいた。

そのときの思いが頭に残っているので、自分の子供をはじめとする、若い人たちに対しては、つい話をして聞かせるという姿勢になる。そこで、自分の経験などを話して聞かせることになるのだが、それは若い人たちにとっては迷惑なことである場合が多い。自分自身に関して昔語りをするのは、それも特に問わず語りであるときは、単なる押しつけでしかない。

自分にとっては非常に興味があることでも、時代が変わってくれば、その新しい時代の中にいる人には何の感興も催させることはない。同じ時代を生きてきた人に対しては、共感に訴えるところがあるので、懐かしいという思いを起こさせる。共通の経験がある人たちにとっては「昔のよい時代」でも、世代の異なった人たちにとっては、単に「昔」でしかない。そのような話を若い人に押しつけるのは、昔の人の独りよがりな繰り言になってしまう。

失敗談であればホンネのつきあいができる

若い人に対して昔語りをするときは、あらかじめその旨を断ったり了承を得たりしたうえでする必要がある。話一つをするにしても、世代が上の人が下の人たちに向かってするときは、どうしても押しつけであると受け取られる。

押しつけであると感じた途端に、たとえ聞いているふりをしていても、耳を傾けることはない。馬耳東風とばかりに聞き流されてしまう。相手が聞く耳を持たなかったら、コミュニケーションは成り立たない。何か独りでわめいている結果になっている。若い世代の人から見れば、「うるさいオヤジ」とか「おしゃべりオバサン」でしかない。

特に、自分に関する話題で成功した話をするのがよくない。本人は得意になって話しているが、昔のことであるから、本当かうそかを確かめる術《すべ》もない。自慢話になるだけで、聞く側としては、面白くない。内容によっては不愉快な思いをすることもある。そのうえで、その信憑性についても疑問が生じるような話であったら、誰でも耳を塞《ふさ》いで逃げ出したくなる。

その話が本当であることを証明する証拠があれば、多少は救われた思いがする。そうでなかったら、そのような話をしただけで、うそつきというレッテルを貼られる危険性があると考えて、昔の成功談はしないことだ。そのほうが評判を落とさなくてすむ。

昔の話をするのであれば、失敗談をするに限る。自分にとってマイナスになる内容について話をするのであるから、自分の自尊心を捨てなくてはならない。相手の若者の側から見ると、目上の人が自分を卑下した姿勢で接してきたかたちになっている。

気分は悪くない。

それに、へまをした話であるから、聞いていても面白い。自分を笑いの種にしている人柄に対しては、人間味を感じるので親近感を抱く。「過《あやま》つは人の常」である。間違いを犯したことがない人間はいない。したがって、自分の失敗談をしないのは、失敗をしたことがないふりをしているともいえる。それは見栄っ張りである証拠だ。それに反して、自らの失敗について話すのは、ホンネでつきあえる人であることを示している。

さらに失敗談には大きなメリットがある。具体的に人々の参考になるという点だ。成功した話であれば、話の内容のとおりにしたとしても、必ずしも成功するとは限らない。話していない部分に、成功への重要な要素が潜んでいるのかもしれない。それに、「する」ということに関しては、人によっては難しい場合が多々ある。

ところが、失敗した話の場合は、その人が失敗したことを繰り返さなければよい。何かを「しない」というのは比較的簡単であるし、そうしなければ少なくとも同じ失敗はしないですむ確率が非常に高い。失敗談が人に役立つ所以である。

一点のみのはやり物
――チグハグさに気づかない人

私が社会人になった一九五〇年代の終わりごろは物不足の時代であった。衣食住の全般にわたって、皆、貧しい生活をしていた。住むところも、小さな部屋に何人もがひしめき合っている状態であった。それだけに、お互いに我慢をし合って仲よくするという結果にもなっていた。

生活の場に限らず仕事の場でもそうだが、大部屋主義の下では、自然にコミュニケーションが図られ、皆が協力する態勢が整ってくる。なぜなら、現実との対決を避け、独りで一息つくことのできる逃げ場がない。ほかの人と自分との間に調整を図らざるをえない環境になっているからだ。

ところが、個室主義の下では、嫌なことがあれば避けて、自分独りになることができる。ほかの人に干渉されないで勝手気ままな時間を過ごすことのできる場所がある。家庭内においてさえ、引きこもりの人たちが増える傾向にあるのも当然だ。

食生活についても、昔に比べると豊かになった分だけ、それぞれがわがままな食べ方をするようになった。自分の好きなものを選択して食べることができるので、偏食の傾向も強く見られる。ファストフードの店やコンビニの普及などによって、手軽に食事ができる環境になったので、規則的に食事をとる習慣も崩れつつある。飢えることはないという意味では豊かになったといえるが、心身にとってよいことかどうかは疑問だ。

衣に関しても今昔《こんじゃく》の感がある。色とりどりで、あらゆるシルエットの衣服が街中に溢れている。**個人のクローゼットの中もいっぱいで、入りきれない衣服が部屋を狭くしている結果になっている人も多いのではないだろうか。**特に女性の場合は、アクセサリー類も大量の在庫を抱えているはずだ。

私が働き始めたころは、スーツはもちろん、女性が会社に着てくる洋服類も、ほとんどの人は一張羅《いっちょうら》であった。毎日、同じものを着てくるのが普通であった時代だ。ワイシャツでさえ、同じものを何日も着ている人がいたくらいである。

おしゃれをしようと思っても、まず「先立つもの」がないのでできなかった。スーツを新調するとか新しい靴を買うとかは、ボーナスをもらったときとかに、それも清水の舞台から飛び降りるつもりにならないとできないことであった。

同僚の女性が新調したスカートをはいてきたときのことを今でも覚えている。一目で上質とわかる素材であったので、皆からほめられて嬉しそうにしていた。もちろん、当分の間は毎日はいてきていた。その値段について彼女に聞いたのであるが、月給の七割くらいを支払ったといっていた。

よいもので気に入ったものがあっても、それを買おうと思えば、生活のほかの部分を切り詰めなくてはならなかった。アンバランスな生き方であったが、豊かな生活に向かっていこうとする過程においては、必要な手段の一つでもある。過渡期の不安定な状態を経なくては、新たな時代はやってこない。

しかしながら、物質的には間違いなく豊かになっているといえる現在でも、まだ過渡期的な不安定さがあちこちに見られる。ファッション華やかな世の中になっているが、チグハグな光景を見て、首をかしげることは多い。

取ってつけたような一点豪華主義は「ダサイ」

はやりのブランド商品のバッグを持ち歩いている人は多い。格好がよいと思うものを人が持っていて、自分もほしいと思うのは自然な心情である。しかし、有名なブランドのものを一点だけ後生大事に持ち歩いているのは、見ていてもアンバランスでおかしい。洋服など、ほかに身につけているものにセンスがないので、その落差が激し過ぎるのだ。これは年配の人たちに多く見られる点である。

ファッションで重要なのは、全体的な調和やコントラストを利かせた美しさである。

若い人たちは豊かな時代に生まれて、バラエティーに富んでいるものに囲まれている。したがって、選択をして組み合わせるのに慣れていると同時に上手である。だが、物がなかったり不足気味であったりした時代に育った人たちには、そのような余裕がなかった。調和のある組み合わせが下手なのだ。

全部を高級にしろといっているのではない。一点豪華主義でもよいのだが、取ってつけたようなものが一点だけ孤立している状況は、いかにもバランスを欠いている。けちくさく見すぼらしい雰囲気が「ダサイ」のである。不安定感が不安感を醸成していき、特に若者たちの美的感覚に違和感を与える結果になっている。身なりについては、一つのアクセサリーについても、全体の調和を考えたうえで選んでいく心構えが必要だ。

6章

×見せつけ、媚び、自己宣伝……

すべて「過剰」に陥らない

陣取り合戦

――偉い人に挨拶する姿を周囲に見せつける人

それほど親密な間柄でないにもかかわらず、くだけた雰囲気の中で隣り合わせになって酒を飲んだりするとき、人の椅子の背に手を回したりする人がある。すぐにではないが、話が弾んでくると、そのようにして二人の間の距離を縮めようとして、徐々に近づいてくるのである。

初対面の相手であっても、自分よりも目下であると判断したら、同じように相手の椅子に手を掛ける。もちろん、男性に多く見られる振る舞いだ。相手が女性であったら、セクハラに近い行為である。椅子の背から手をちょっとずらすだけで、すぐに相手の背に触れることになるからだ。

その場面だけを第三者が見たら、二人はかなり親しい仲であると考えたとしても不思議はない。横にいる当人との関係自体を急速に近くしようとして働き掛けるだけではなく、客観的にも親しく見える状況をつくり出している。ちょっとずるいやり方ではあるが、人間関係づくりに長《た》けた人のすることだ。

　こういう人は、レセプションなどの場でも、臆面もなく偉い人のところに近づいていって、挨拶をする。周囲の人にとっては、その親密の度合いは判断できない。とにかく挨拶を交わしたり話をしたりすることのできる仲であることを、皆に見せつけるのである。そのようにして、人間関係の中における自分の地位を確立し確保していく。

　一種の陣取り合戦をしている。**自分の陣地の中に人々を囲い込んでいくことによって、自分の陣地の拡張を図っていく。**平和で落ち着いている文明社会では、土地の所有権ははっきりと確定されている。しかし、原始社会や大混乱の極みに陥った世界では、最初に行って縄を張って所有を宣言した者の勝ちだ。先着順で縄張りが決まってしまうのだ。

　このような考え方ないしは心理を上手に利用しているのである。さらに、椅子の背に手を置いた、当の相手との関係においては、自分のほうが上であるというメッセージも発している。自分が相手に対して支配権があることを、曖昧なかたちであるとはいえ、相手に向かって示している。相手の椅子の背に手を置くというだけの、単純な行為であるが、さまざまな意図が込められている。

したがって、その手を早く払っておかないと、自分が相手と親密になると同時に、相手の支配下に身を置くことを了承したものと解釈されてしまう。もちろん、物理的に手を払ったのでは、闘争を仕掛けたにも等しく、乱暴過ぎる。「気になるから」といって、手を引いてくれるように、丁重に頼むのである。または、用を思い出した振りをして、急に立ち上がって席を外す。そのとき、自分の肩で相手の手を振り払ったのと同じような結果になれば、このうえない。その意図は、相手も敏感に感じとるはずだ。

品の悪い人の隣に座っていたら、以上のようにさまざまに不利な状況に置かれることとなる。もし席を替えるのが可能な座り方になっているのであったら、できるだけ早い機会に、その席を立ってほかのところに行ったほうがよい。勝手に品の悪い人の「子分」にさせられたのでは、自分までも同類、すなわち品が悪いと思われてしまう。

人を押しのけて「品」を失う

対象が人であれ物理的な場所であれ、自分勝手に自分の所有権ないしは利用権を手に入れようとするのは、完全なルール違反である。**必ず相手、ならびに同じ権利があ**

ると思われる、周辺にいる人たちの了承を得てからにする必要がある。また、皆が納得する方法に従って、公正な競争をしたうえでなくてはならない。

たとえば、公共の乗り物や建物の中で席を確保しようとするようなときだ。先着順が大原則であるが、我勝ちに走るのは欲が表にはっきりと出ているだけに、品に欠ける。人を押しのけるようにして走れば「席」は手に入れることができるかもしれないが、そのときは「品」を失っている。席は一時的なものでしかない。だが、品は一度失ってしまったら、それを取り返すためには、多大な時間とエネルギーを必要とする。

一時的な便利さと楽を求めるために品を犠牲にするのは、到底、割の合うことではない。その点の損得勘定をすることを忘れてはならない。品を落としたら、人々の批判を恐れ、悪い評判にビクビクしながら生きていかなくてはならない。それは精神的にはおよそ楽とは縁遠い環境である。楽や便利を求める欲を一時的に抑える努力をしてみる。慣れてくれば、それは癖となるので、楽にできるようになる。

有名人と一緒の写真
――人に見せることで自分の価値を高めようとする人

華やかなレセプションやパーティーに行くと、有名人の姿もよく見掛ける。テレビなどにも時どきは出ているが、スター的存在でない人の場合は、つい自分の知人ではないかと錯覚することがある。見て知っている人だと思うのだが、誰であったかが即座には思い出せないからである。後になってから、テレビに出ていた人だったと気づく。

立食形式の場合であれば、参加者は誰に近づいていって話し掛けてもよい。礼儀正しく挨拶したうえであれば、臆することなく会話を交わす。もちろん、相手が困惑するような話題を持ち出したり、興味本位の質問をしたりするのを避けるのは、いうまでもないマナーだ。

万一、自分がそのような話を仕掛けられたときは、「そんな話をするために来ているのではない」と明言したうえで、「失礼します」といって去っていくのだ。低次元の話に対しては、最初にノーをいうことが必要だ。曖昧な態度をとって適当な応対をしていると、徐々に深みにはまっていく。そうなってから防御的な話をしたり逃げたりしたのでは、卑怯《ひきょう》だといわれ軽く見られるだけである。

いずれにしても、その集まりの趣旨を大きく逸脱するような言動はルール違反であることを肝に銘じておく。したがって、**ちょっとした記念写真くらいは許されるかもしれないが、よく知らない人を強制して一緒に並んだ写真を撮るのは問題だ。**

有名人を見つけると、一緒に写真を撮ろうとして走り回っている人がいる。政治家であれば、選挙のときの票につながるかと考えるので、ノーという人はいない。そのうえに、自ら進んで握手をしようとする。政治家の握手戦術はかなり効果的であるようだ。一方の有権者の側としても、握手をすることによって、親近感を感じて相手に対して好感を抱く。しかし多くの場合、政治家の握手はリップサービスならぬ、単なる「ハンドサービス」であるので、それに惑わされてはならない。

握手はお互いに近づきたいという気持ちが一致したときにするものだ。一方的に手を差し出されたら、何か魂胆があるものと考えて、まずは間違いない。相手の目を注視して、心の奥深くを読みとろうと神経を集中する。すると、心からなる握手かどうかの見分けはつく。

有名人と一緒に写った写真をほしがる人は、自分自身の記念や記録というよりも、人に見せるためである場合が多い。その有名人と会ったことがあるという事実を証明しようとする。特別な人たちが集まる会に自分も参加したことを示して、自分自身の重要性も高めたいと思っている。

自分の格は人に頼らず自分で上げる

どのような人であれ、その人と「同席」するということは、その人と「同列」であるということである。すなわち、まったく同じではないが同じような程度や地位にあることを意味する。「末席を汚す」という表現がある。同じ席に連なっていることをへりくだっていっているのであるが、実際には、その「席」自体が高い地位を示すものである点を、それとなく誇示するという心理状態も見え隠れしている。

いずれにしても、有名人と一緒の写真に写っていることは「名誉」であると考える。自分の格が多少でも上がる結果になるからである。その点をフルに利用しようとする人は、そのような写真をスマホのアルバムに入れて、機会あるごとに人に見せようとする。オフィスの机上の写真立てに入れて飾っている人までいる。有名人との一時の遭遇を奇貨《きか》として、それを自分の格上げに役立てようとしている。

皮肉な見方をすれば、本人に実力がないので、ほかの人の力を借りて、自分を実力以上に見せようとしている。それは自信がないことの表明でもある。有名人であれ実力者であれ、その人と自分が親しい間柄であったら、わざわざ一緒に並んでいる写真を見せる必要はない。ちょっとした背景を説明すれば、親友であることはすぐにわかる。

写真を見せびらかしたり、もらった名刺を見せたりするのは、自分の心の貧しさをさらけ出しているだけだ。中身がないので上辺《うわべ》をつくろおうとする虚飾のにおいがプンプンする。有名人や実力者に自分がはるかに及ばないことを強調している結果にもなっている。

自分は自分であり、自分以上になれない点を忘れてはならない。自分自身の実力を積み重ねていって、明日の自分を今日の自分以上へと高めていく以外には方法がない。**自分を高く見せるのではなく、高めていくのである。**有名人との写真などを人に見せたら、自分を自分以下に見せる結果にもなりうる。下手な小道具は使わないことだ。

ものを粗末に扱う
——八つ当たりで発散させる人

映画やテレビドラマなどの中で、憤懣《ふんまん》やるかたない人が、部屋の中のものを手当たり次第に投げつけて壊してしまう場面を見ることがある。特に欧米の場合は、派手に摑《つか》んだり持ち上げたりして投げるので、部屋の中がメチャメチャになる。インテリアとしては半壊ないしは全壊といった惨状を呈する。

撮影のためとはいえ、家具や什器《じゅうき》をまたたく間に廃品にしてしまうのは、やはり気になる。物不足の時代に育ち、ものは大切にするようにと教わった私たちの年代にとっては、見るに耐えない。フィクションの世界であるとはいっても、実際にものが壊されているのであるから、もったいないと考えざるをえない。

怒髪天《どはってん》を衝《つ》くばかりに怒ったり自暴自棄の極限状態に陥ったりしている気持ちを表現しようとしているのはわかる。だが、現実には皿の一つや二つを投げつけることはあっても、あそこまで徹底的にする人を見ることはないと思っていた。私がこれまで実際に目撃した光景の中で最も激しかったのは、あるアメリカのビジネスパーソンの場合だ。

自分の秘書が、急いでいる仕事をすぐに片づけていないことに腹を立てた。秘書のところに行って催促したが、彼女は取引先と電話中であったので、ちょっと待ってくれと目で合図をした。しかし、彼には待つことのできる余裕はまったくなかった。暴君のように怒り狂ったボスは、秘書の手から電話のハンドセットを取り上げると、それを電話機の上にガチャンと置いて通話を遮断してしまった。その手で電話機の全体を持ち上げ、引っ張ってコードを引きちぎってから、床の上に力いっぱい叩きつけた。さらに、壊れた電話機を足で何度も情け容赦なく踏みつけたのである。

本来であれば、気に食わないのでやっつけたい相手は秘書である。しかし、彼女に対しては、怒りの言葉をぶつけることしかできない。物理的に殴りつけることなどは到底できないので、近くにあって仕事を遅らせる一因ともなっている電話機に当たり散らしたのである。

八つ当たりは理不尽な行為であって、知性と教養の欠如を示している。**腹が立ったら、その原因を究明して解決を目指す。**その元凶と思われる人がいるときは、その人に直接働き掛けて善後策を講ずるのが、賢明な人のすることだ。

ものには責任能力がないので罪もない。ものに八つ当たりをするのは、道理に反するだけではなく、罪がない弱者を攻撃するという意味において卑怯な振る舞いである。ものに対するとき、ものにも命があり心があると思って接してみるのだ。そうすれば、乱暴な使い方をしたり粗末な扱い方をしたりすることはないはずである。

ものの「生涯」を全うさせる

人は常にものを使うというかたちで、ものと「つきあい」、接している。ものを丁重に扱うことができれば、立ち居振る舞いも自然にエレガントになる。

まず、ものを置くときに、ゆっくりと音を立てないように置くことを心掛けてみる。投げたり放ったり落としたりしない。赤ん坊を下ろすときのように、優しく丁寧に扱ってみるのだ。重力に逆らって、ソフトランディングを図るのを忘れないことである。

さらに、**自分のものであっても、人から借りているものである、と考えながら使ってみる**のも一つの方法かもしれない。いずれは返さなくてはならないので、乱暴に扱うことはできない。壊したり傷をつけたりして、元通りのものを返すことができなかったら、親切に貸してくれた人の自分に対する信頼を裏切ることになる。

また、ものを使ったり利用したりするときは、その元々の用途に従って、上手に扱っていくことも重要である。ものの機能を十分に発揮させ、ものの「生涯」を全うさせるという考え方だ。自分だけではなく、自分の周囲にいる人たちや自分が接していくものと一緒になって、楽しく生きていこうとしてみる。それは調和に満ちた世界になり、すべてがスムーズに流れていく。

滞《とどこお》りがない動きは機能的である。機能性を追求していけば、そこに現れてくるのは、簡素な美の世界である。それは高尚で磨きの掛かったものが、すっきりとしたかたちで完成されているかに見える。

ものをあらゆる意味において大切に扱っていけば、自分の立ち居振る舞いだけではなく、周囲の環境にも無駄がなくなってくる。垢抜けて洗練された世界で生きていく結果になるのだ。

肌を人目にさらす
——見せびらかしている人

テレビの番組に出演している女性タレントたちは、魅力的な身なりをして艶《えん》を競っている。娯楽番組として人々を楽しませるのが目的であるから、それなりに人々の関心を惹くためには当然のことである。ただ、肌の露出度が過ぎると、子供たちも見る可能性がある時間帯の放映については、批判的な意見も出てくる。

ニュース番組など、いわゆる「真面目」な類《たぐい》の放送の場面に出てきている女性のアナウンサーやキャスターの中にも、肌をかなり見せている人たちがいる。女らしさを前面に出していくことには賛成であるが、色気を売ろうとする意識が露骨に感じられるときは、やはり疑問を感じる。

色気は振りまくものではなく、出さないように抑えようとしても自然に出てくる風情がよい。プンプンとにおう色気は下品であり、そこはかとなく感じられるのが、上品な色気である。才能と同じで、これみよがしに見せびらかしたのでは、人々は辟易《へきえき》すると同時に、受けつけるのを拒否しようとする。

テレビは見せるものであるから、そこで目に入るものはすべて、見せびらかしていると解釈されても仕方がないであろう。それだけに、「特別に」控え目にしなくては、品よく振る舞う結果にはならない。

また、若さがはち切れんばかりの女性であれば、多少の露出も自然であり、それほどの違和感はない。しかし、ベテランの域に達しそれなりの年齢にもなっている女性が、「ヤング」と競うように、胸の大きく開いたシャツを着たり、二の腕をあらわにしているのを見ると、ちょっとした抵抗を感じる。

男性についても同じようなことがいえる。いい年をしたオジサンが、シャツのボタンを気前よく外して、胸の部分を大きく見せている。ルールに束縛されない自由の気概を示しタフガイを気取った男らしさの演出をしているつもりである。だが、視聴者としては、行儀の悪い男が出てきて、下品に振る舞っているとしか見えない。

テレビは氷山の一角にも等しく、このような風景は街中やビルの中などあちこちで見られる。肌を露出している度合いが激しいときは、目の遣《や》り場に困ることも少なくない。超という形容詞がつくほどのミニスカートや、水着に近く布の部分が少ないシャツ、それに体の線がはっきりとわかるズボンなど、男性にとっては「挑発的」な結果になる身なりを目にしないことはない。プールサイドや海水浴場にいる人と見紛《みまが》うばかりである。

挑発的・誘惑的になっていないか

男女ともに異性に対する関心は強く、あらゆる生活の場で、お互いを意識しながら振る舞っている。小さい子供から高齢者に至るまで、同性に対するときと異性に対するときとでは、考え方や行動様式が明らかに異なっている。

異性を意識する度合いは、時と場合によって違ってくるが、極端な緊急事態に直面している場合を除き、その意識がゼロになることはない。異性に対しては、好感を抱いてもらいたいとか魅力をアピールしたいとか、さまざまに考えて接している。ただ、表向きに色気を出すか出さないかとか、その程度とかに関しては、人によってまちまちである。しかしながら、心の中では常に何らかの働き掛けをしようと思っている。

女性が女らしく男性が男らしくするのは、男と女との間では歓迎すべきことであるが、挑発的かつ誘惑的になると、人前では行き過ぎである。理性の働きの弱い人の場合には、いたずらに肌を見せられたりしたら、簡単に劣情を刺激されてしまう。『今昔物語集』などに出てくる「久米の仙人」の話がある。寺にこもって仙人となったが、空を飛んでいるときに、吉野川で衣を洗っている若い女の白い脛《すね》を見た途端に神通力を失って墜落してしまったという。仙人でさえ女性の足の素肌を見て、理性を失ってしまったのであるから、普通の人が女性の肌を見たら、よからぬ考えを抱いたとしても責められることはないであろう。

肌を見せるのは親しい間柄になってから、というのが大原則である。それも「こっそり」、すなわち、ほかの人に見られないように隠れて見せるのだ。それでこそ、その価値もいやがうえにも増してくる。軽々しく公開したのでは安っぽくなるだけである。

要は限度を超えないことだ。時と場所と場合をよく見極めて、そのときにどのような人たちの目に触れることになるかを考えたうえにする。異常に興味を持つ人がいる可能性があるかどうかが、露出度に関して品の有無を判断する分岐点になる。

不特定多数に媚を売る
――プレゼンテーションが過剰な人

テレビのレギュラー番組である。始まるときに音楽が流れてくるが、軽快な生演奏が気分を浮き立たせてくれる。画面に次々と演奏する人たちの映像が映し出される。バイオリン、フルート、チェロ、それにキーボードを演奏しているのは、全員が若くて魅力的な女性たちである。

音楽に合わせて全身を躍動的に動かしているのであるが、そのエネルギーが直接に気持ちよく伝わってこない。**何かが不調和であって、そこに抵抗感を感じるので、心から楽しむことができない。**

一人ひとりの動きをよく観察してみると、その理由がわかる。身体を必要以上に揺り動かしているのだ。大きく首を振っていたり、横を向いて笑ったり、手の動きを誇張して振り回さんばかりにしたり、足で大きく拍子をとっていたりと、身体の各部分がフルに活動している。しかも、故意に大袈裟《おおげさ》に動かしているので、目障《めざわ》りであると感じるくらいである。

目を閉じて聞いていると、心が弾むような音楽が耳に入ってくるので、快い感じを受ける。だが、目を開いて画面を見ると、バラバラな体の動きが押し寄せてくる感じで、目の前に迫ってくる。「騒がしい」動きとしか見えないので、せっかくの音楽までが騒音の様相を帯びてくる。

笑顔も振りまいているのだが、それもわざとらしい営業用の笑顔である。体の動きにも自然さがなく、必要以上にくねらせている感じがする。女の魅力を故意に演出しているのである。音楽は軽快でも、演奏者たちの表情や動きには、媚びるような意図が強く出ている。したがって、音楽と体の動きがマッチしていないのである。

シナをつくろうとしている分だけ、演奏に対する集中度を欠いているので、その点で「視聴者」に対する働き掛けが弱くなっている。音楽は視ではなく聴に訴えるのが一義的な目的である。視に訴えようとするのは邪道であり、聴に対する部分のよいところまでも台無しにしてしまう危険性がある。

演奏は腕で勝負すべきものであって、顔や身体の動きは単に結果的ないしは補助的なものでしかない。シナをつくって媚びようとするなどは、以ての外の愚かな考え方だ。演奏に心を込めて、そこで奏でられて出てくる音楽を通してコミュニケーションを図ろうとする心掛けが必要だ。

テレビなどという不特定多数の人たちを相手にする手段を使うときに、シナをつくるのは品がよくない。男女が相対するときは、その時と場合によっては、媚びるのも許される。男と女との仲を促進するための触媒のような働きとなったり、雰囲気づくりの一助になったりする。

だが、それは特定の人同士の場合である。大勢の人たちを相手にした公開の場では、不適切な振る舞いとなる。大勢の人たちの中には、男性だけではなく女性も多い。演奏者たちと同年配の人たちばかりではなく、高齢者もいれば少年少女や子供もいる。つくられたシナに対する反応は千差万別である。

小細工が過ぎると中身が見えなくなる

自分の目の前で媚を売られたら喜ぶ人でも、テレビというメディアを通じて間接的に見せられたときは、それだけ冷めた目で見ることができるので、嫌らしさのほうを強く感じるかもしれない。女性にとっては、ほかの女性の媚は薄汚いものでしかない。

さらに、真っ昼間の放送であれば、女っ気を売るにはふさわしくない時間帯であることには異論がないはずだ。

芸術を人々に訴えようとするときは、そのプレゼンテーションの仕方にも神経を使う。その美しさや制作の真意が人々の心の中にストレートに入っていくためには、極めて必要なことである。まず人々の興味を惹こうとして工夫を凝らす。だが、凝り過ぎてはいけない。その小細工のほうに目を奪われて、肝心の本体のほうが軽視されてしまう危険性が高くなる。本末転倒する結果になってしまうのである。

プレゼンテーションについては、あくまでも補助的な手段であることを、その計画段階でも実行段階でも決して忘れないようにする。プレゼンテーションが前面に出るあまり、人々に訴えようとしている本体が霞んできたのでは、プレゼンテーション自体も失敗である。引き立て役が主役を食ってしまったのでは、その引き立て役も下手な役者である証拠だ。

上品ぶった言葉
——慇懃無礼な人

「ざあます言葉」といわれる話し方があった。「ございます」という丁寧な言葉遣いが転じた「ざあます」を頻繁に使った話の仕方である。東京の高台にある屋敷町の区域である山の手に住む、上品といわれる有閑《ゆうかん》婦人が使っていたものだ。丁寧な言い方を略した下品さと、自分が上品な部類に属することを誇示しようとする嫌らしさが感じられた。

上品ぶるのは下品である。上品になろうと努力するのはよいが、それは自分の心構えから出発しなくてはならない。言葉遣いや身なりなどについて品をよくしようとしても、心が伴っていなかったら、単に上滑りに終わってしまう。逆に、カタチとココロとのアンバランスがはっきりと見えてくるので、鼻持ちがならない下品さになる。

「言葉は心の使い」といわれているように、心に考えていることが自然に言葉に表れてくる。 人生に対して真剣に立ち向かおうとする姿勢に基づいて、人々に対して礼儀正しく振る舞おうと思ったら、言葉遣いもきちんとしたものになる。単に言葉遣いに対する知識だけを増やしたのでは、テクニックに頼ることになる可能性も高い。そうすると、言葉だけが滑っていって、心を込める内容の部分がついていけなくなる。

「ございます」は丁寧な言葉遣いである。しかし、ところ嫌わず使っていたのでは、場合によっては、丁寧過ぎるという感じを与える。丁重ないい方さえしておけばよいというニュアンスを感じとる人がいるかもしれない。むやみやたらに丁寧にすると、慇懃《いんぎん》無礼になることも多い。

慇懃は冗長につながっていく危険性がある。冗長は無駄なもの、すなわち不必要なものがあることだ。それは相対的に心の部分が少なくなっていることでもある。本来であれば、心が凝縮されたかたちで入っているだけの言葉遣いが理想的である。そうすると、時と場合によっては、「ございます」というよりも「です」とか「ます」とかいったほうが、すっきりする。それだけ会話の全体の中に実質的な心の部分を多く入れた結果になるのではないだろうか。

政治家の言葉遣いを詳細にチェックしてみれば、慇懃無礼の典型的な例を見ることができる。壇上から有権者の人たちを見下ろしているが、言葉遣いだけはやたらに丁寧、というよりも丁寧過ぎる。口が上手な分だけ心がこもっていないと感じる。

大切なメッセージに美辞麗句は邪魔

『論語』に「巧言令色鮮《すくな》し仁」とある。言葉遣いが巧みで愛想のよい人には、人の道を心得ている者は少ない。逆にいえば、口が下手な人には真実がある、という場合もある。言葉を飾らなければ、それだけ言葉は短くなる。大切なメッセージを伝えようとするときに、美辞麗句《びじれいく》は邪魔でしかない。単刀直入にいったほうがよい。

恋を告白するときに、「私はあなた様をお慕い申し上げております」とか「好きでございます」とかいったのでは、恋する思いの激しさは伝わらない。時代錯誤的な表現でしかない。「好きです」とか「好き」とかいうだけで十分である。というよりも、そのほうが思いの丈が通じる。

「簡潔は知恵の神髄」である。ポイントだけを簡単にいう。修辞も最小限にする。礼を失しない程度であれば十分だ。ただし、簡潔は省略ではない点を忘れてはならない。省略するのは言葉の重要性に対する認識を欠いている証拠である。言葉を粗末に扱うので、当然のことながら、そこに心を込める余裕もなくなる。

「おはようございます」を「オッス」というのは、仲のよい者同士であればよいが、ほかの人に対していうのは許されない。また、「なんつっても」などといういい方は、多くの人たちが頻繁に使っている。しかし、下品に聞こえるのは否定しようがない。略さないで「なんといっても」といったほうが、耳にも優しく聞こえる。

言葉は生き物である。いろいろに変化もすれば、成長したり衰退したりもする。「俗《ぞく》」にいわれている言葉や表現を利用したほうが、感情を的確に伝えられる場合も多々ある。しかし、俗に慣れれば俗になってしまう。俗は高雅とは相容れない。

また、発音しやすい音に変わる音便《おんびん》についても、言葉によっては通俗性の強いものになるので、それだけ品位に欠けるものとなる可能性がある。慎重に言葉を選んでいかなくてはならない。いつも話している言葉や表現を時どきチェックしてみるのだ。それらがそのまま書くことのできるものであればよい。書くのが躊躇《ちゅうちょ》されるようなものであるときは、多少は品が悪くなる傾向があるものと考えて、ほぼ間違いない。

自己宣伝をする
――自分を安っぽくしている人

自己主張の時代である。自分の意見は、誰に対しても胸を張って、臆するところなく述べていかなくてはならない。もちろん、時と場所と場合によって、主張の仕方や強度は調整する必要はあるが、自分の考えを曲げたのでは自分を見失ってしまう。自己主張によってのみ自分のアイデンティティーの確立が可能になる。

だが、**自己主張が行き過ぎになると、自分のことについて自分がいいたいことばかりいう傾向が出てくる**。自分勝手なことをいうようになる。自分にとってマイナスになることはできるだけいわないで、プラスになることだけいうのである。そうなると、自己主張というよりも自己宣伝の色彩が濃くなる。

宣伝の目的は、人々の理解を喚起して、自分の思う方向へ向かって人々が動いてくれるようにすることである。それは、自分の考えを表明し、その是非についての判断は人に任せるという姿勢ではない。人の心を多少とはいえ操作しようとする意図が隠されている。その点に関しては、人間は敏感に反応する。ちょっとでも自己宣伝のにおいを感じたら、警戒心をつのらせる。信憑性について疑問を抱くのである。

そのことを百も承知のはずの、世の識者たちが、この自己宣伝の愚を犯しているのをよく見る。有名な作家がテレビに出たときなどに、自分の書いた本を宣伝するような場合だ。そのときに話題になったことに深く関連する本の紹介であれば、当然のことながら、自分の主張を補強する手段の一つである。しかしながら、あまり関係のないテーマについての本を宣伝したのでは、ただ単に「売りたい」というメッセージを発しているに過ぎない。

また、新聞や雑誌などの定期刊行物にエッセイ風の文章を書いているときに、突如として最近自分が上梓《じょうし》した単行本の紹介をすることもある。そのような紹介の仕方は、本質的にも効果的にも、広告と変わるところはない。広告はメディアに金を支払って宣伝をしてもらうものである。一方、メディアに寄稿するときは、それなりの原稿料を受け取っているはずだ。

すると、広告料を払わないどころか、広告とまったく同じ内容の文章を書くことに対して、その部分の行数に対しても、原稿料を支払ってもらっている結果になる。すなわち、「二重取り」をしている結果になっている。やはり、自分の筆という武器を上手に利用して自分の利を図っている、といわざるをえない。ケチくさいずるさが感じられるので、せっかくの美文もみすぼらしくなってしまう。

人生に対する鋭い観察眼に基づいた言葉の流れが、突如として生臭いものになるので、興醒《きょうざ》めだ。自己宣伝の押しつけを感じるので、ちょっと辟易する。有名な作家であれば、多くの読者がついているので、黙っていてもある程度の部数は売れるのがわかっている。小さなスペースや少しの時間を利用して自己宣伝をすることによって、自分を安っぽくする結果になっている。宣伝はほかの人がしてくれてこそ、信憑性も高まり効果も大きい。

公平無私の姿勢を堅持する

その点に関連して、売れっ子作家たちが、自分の書く文章の中で、特定の商品や店などの実名を挙げてほめるのも、気になる。もちろん、軽い雑文的な読み物の中においてであるから、いちいちあげつらうのが間違っているかもしれない。

自分がひいきにしていたり好感を抱いたりした店については、読者に紹介したいと思う気持ちは理解できる。しかし、同じカテゴリーの店を専門的にチェックした後ではないので、公正な情報であるとはいえない。**あくまでも自分の個人的な判断基準に従っているので、その限りにおいては偏見である。**ほかにもっとよい店があっても無視された結果になっている。

したがって実際には、自分が持ち上げて宣伝することによって、その店からよく思われようとしている、という要素も感じられなくはない。やはり、そのままストレートに読めないのである。何か暗黙のうちに店と馴《な》れ合っているという感じを払拭《ふっしょく》することができない。もちろん、最初から取材記事という企画の下になされた場合は例外である。そのときは読者も初めから色眼鏡を掛けて読んでいるので、ある程度の公正さが保たれている。

普通の雑文の中では、実名を避けたほうが公平無私の姿勢を堅持することになる。大体の場所とか特徴とかを記述するに留めておく。知っている人が読めば、どの店であるかがわかるし、多少の知識のある人であったら、大体の見当ぐらいはつけることができる。宣伝臭をなくそうとして、「婉曲《えんきょく》」な表現をするほうが奥床しくスマートだ。

郷に入っても我を通す

——「ほかの世界」のルールを無視する人

かなり昔の話だが、友人が田舎からやってきたので、夕食を一緒にすることになった。本格的なフランス料理のレストランが東京にも進出してきていたころであったので、そこへ連れていった。真夏の暑いときであったので、冷房の効いた室内に入っても、すぐに汗の引くことはない。

顔見知りのフランス人のマネジャーが席に案内してくれた。まず挨拶をしたり、ありきたりの話題について話をしていた。すると突然、友人がおしぼりを持ってきてくれというのだ。マネジャーは「ここはフランス料理店なので、おしぼりは出していない」という意味のことをいった。それに対して友人は、タオルか何かはあるはずだからそれをおしぼりにして持ってこられないものか、と反発していた。

確かに、おしぼりは日本のよい習慣である。しかし、西洋料理の席では客に出す習慣はない。いくらよいことであるからといっても、その場で相手に強制するのは、相手の方式を無視することであるから、礼を失する振る舞いである。もちろん、お客様は神様であるから、そのくらいのサービスはしてもよいではないか、という議論もあるだろう。

しかし、いくら誰でも入っていくことのできる店であるといっても、店の人たちにとっては自分たちの「城」である。**他人の家の中では、その家の人のいうところに従い、その家のルールに従うのが根本的な原則だ。**どうしても手や顔を拭《ふ》きたかったら、洗面所に行って洗ってくるなどすればよい。そのようなこともいったのだが、友人は不平たらたらで、私にまで盾突いてくる有様であった。

残念ながら、そのときの友人は文字どおりの田舎者であると断じざるをえなかった。習慣を知らなかった点ではなく、ほかの世界のルールを無視する点において、洗練されていないのである。

これは店や人の家に行ったときだけではなく、外国に行ったときにも注意しなくてはならない点である。他国を訪問するときは、その国の風俗習慣や言葉なども含めた文化体系の全体に対して敬意を表し、できるだけそれに従う。自国の常識に従って振る舞おうとするのは、井の中の蛙《かわず》のすることである。その国が開発途上国であったとしても、そのルールを守らなかったら、文明国からやってきた者のほうが「田舎者」なのである。

自分には主権のない国に行くのであるから、大きな顔をして闊歩する権利はないことを、まず知っておく必要がある。そうすれば、多少なりとも謙虚に振る舞う結果になるはずだ。自分が入っていくことを認められ、客として遇されることに対しては、感謝の念を持ち続ける。そうすれば、現地の人に迷惑を掛けたり違和感を感じさせたりすることはない。

「郷に入っては郷に従う」のであり、「ローマではローマ人がするようにする」のである。旅行中だからといって、はしゃぎ過ぎたり羽目を外したりするのは、品位に欠ける行動である。特に外国にあっては、日本人はどのような言動をするのかと、皆が一挙手一投足を観察している。したがって、日本人の代表であるという矜持《きょうじ》を持って、品よく振る舞う必要がある。そこで日本人の評判が決まってくる。

異なる生活様式を学ぶ態度は品格を高める

外国から来た人であるからといって特別扱いをされることがある。それに対しては感謝するが、そこで調子に乗ってはいけない。また、その国の人には許されないことも、大目に見てもらえる場合もある。その国のことについて詳しい知識がないと考えられているからである。しかし、そのような知識を勉強して身につけておくのは、その国を訪れる前にしておくべき義務だ。

外国人という地位に甘えたり、それを利用したりして、楽をしたり利を図ったりしようとするのは、いやらしくずるい了見である。**現地の人たちの行動様式をよく観察したうえで、できるだけ真似をしてみる。**たとえば、神社仏閣や教会など宗教的な建物を訪れるときだ。自分にとっては単なる観光名所の一つに過ぎないかもしれないが、現地の人にとっては重要度の極めて高い信仰の対象である。その人たちと同じような形式に従って礼拝をしてみる。

単にかたちを真似ているだけであり、幼稚な拝み方であるかもしれない。だが、人と気持ちを共有しようとする真摯な姿勢は必ず伝わる。率直な考え方をして、知らない国についても学ぼうとする態度には、品格の高さが滲み出てくるかのようである。どんな国にもどんな人にも、学ぶべきところがどこかにある。それを謙虚に追い求める心構えが肝要だ。

おわりに

品が悪いと思われる例を挙げながら、どのようにしたら品がよくなるかについて考え、書きつらねてきた。人の下品な言動についてとやかくいうこと自体、品がよいカテゴリーには入らないので、ちょっと忸怩《じくじ》たる感じを抱きながらの作業ではあった。だが、これも自分自身を少しでも高めていくために必要な過程である。

少しでも品よく振る舞って生きていくためには、「人のふり見て我がふり直せ」をモットーとして研鑽《けんさん》に励むのがよい。人の言動に接して、嫌だとか気になるとかネガティブな印象を受けたとき、なぜ不快になったかを分析して、そのような言動を自分でしないようにする。逆に、気分がよかったり嬉しかったりしてポジティブな印象を受けたときは、その理由を考えて、同じような言動を真似てしてみる。

品よく振る舞うためには、まず人のことを考えなくてはならない。自分勝手に考えていれば、すべてわがままな言動となって、自分のエゴをさらけ出す結果となる。そこには礼節の要素が感じられないので、反社会的だとして、人々の反感を買うことになる。

礼儀は品よく振る舞うための、言動の律し方を教えている。したがって、心を込めて礼儀正しい言動をするように心掛けていれば、上品な世界に属する人として認められるようになるはずだ。礼もカタチだけでは十分でない。常に相手のことを考えながら、というココロの部分が備わっていないと、礼としては中途半端なものとして終わってしまう。

結局、自分のことばかり考えている人は下品な人となり、人のことも考えながら振る舞う人が上品な人となるのである。人のことを考える出発点は、人も自分と同じような「欲」を持っているという事実を、真っ正面から明確に認識することにある。そのうえで、自分自身の「欲」を意識的に浮かび上がらせる。そのような基盤の上に立って、人と自分の双方の欲について折り合いをつけるのである。その際に、人の欲のほうを優先させれば、それだけ品のよくなる度合いが高くなる。見せびらかすよりも隠そうとするほうが、また出しゃばるよりも控え目にするほうが上品に見える所以だ。

上品とは自分の欲を抑えることである。そのうえで自分自身に自信を持って、毅然たる姿勢に徹していく。人のことを考えるときも、その範囲を広げ度合いを高めていけばいくだけ、品のよい度合いも高くなっていく。

自分の欲を抑えるための理由が見つからないという人がいるかもしれない。冷静になって自分の周囲や社会の仕組みや動きを、注意深く観察し考察してみるとよい。不満足に思ったり反感を覚えたりすることもあるが、自分が毎日つつがなく生きているのは、人々や社会のお陰であることに思い至るはずだ。そこで人々に対する感謝の念が湧いてくる。そこにエゴを抑えなくてはならない理由がある。

山﨑武也

本書は、ＰＨＰ研究所より刊行された『上品な人、下品な人』を、文庫収録にあたり加筆・改筆・再編集のうえ、改題したものです。

「品《ひん》のいい人《ひと》」が気《き》をつけていること

著　者　山﨑武也（やまさき・たけや）
発行者　押鐘太陽
発行所　株式会社三笠書房
〒102-0072　東京都千代田区飯田橋3-3-1
https://www.mikasashobo.co.jp
印　刷　誠宏印刷
製　本　ナショナル製本

ISBN978-4-8379-3068-6　C0130

本書へのご意見やご感想、お問い合わせは、QR コード、
または下記 URL より弊社公式ウェブサイトまでお寄せください。
https://www.mikasashobo.co.jp/c/inquiry/index.html